KB108546

물류, 기본이 중요하다

물류센터 센터 운영가이드 ————————

물류, 기본이 중요하다

최영호 지음

웰북스

머리말

    우리의 삶 속에 존재하는 모든 것들이 물류활동이라고 해도 과언이 아닐 정도로 물류는 범위가 광범위하다. 그러므로 물류란 한편으론 가볍게 넘길 수 있을 정도로 그 정체가 모호하다고도 할 수 있겠다. 그로 인해 각 기업에서 물류를 가볍게 여기는 경향이 있는데, 그러다가 기업경영에 큰 어려움에 봉착하게 되는 상황을 흔치 않게 보게 된다.

    모든 기업은 처음 시작하여 성장해 나가게 된다. 첫 단계에서는 영업 쪽에 기업의 모든 역량을 집중하게 된다. 그러다가 회사의 성장이 어느 정점에 달하게 되면 대부분의 기업이 공통으로 봉착하게 되는 문제점은 바로 물류라는 것이다. 과거 기업의 물류운영에는 자신의 기억력이나 통솔력과 같은 능력만으로도 충분히 물류관리가 이루어졌는데, 어느 순간부터는 이러한 자신들의 능력이 한계에 달한다는 것을 느끼게 된다.
    결국 기업은 물류가 잘 이루어지지 않게 됨으로써 여러 가지 어려움에 직면하게 되는데, 이것을 사람의 인체에 비유하자면 동맥경화증에 걸린 것과

도 같은 것이다. 사람의 몸도 건강해지려면 몸속의 혈액이나 기가 자연스럽게 잘 흘러가야 하듯이, 물류도 제품과 정보의 흐름이 물 흐르듯이 막힘없이 잘 흘러가야만 건강한 기업경영이 이루어지게 되는 것이다.

물류의 흐름을 원활히 하기 위해서는 그냥 되는 것이 아니다. 순서에 따라서 각각의 업무프로세스가 물 흐르듯이 잘 흘러가야 하는 것이다. 제품이 처음 들어오는 입하 단계에서 제품이 마지막으로 나가는 출하 단계까지 최적화된 시스템으로 흘러가야 하는 것이다. 그러기 위해서 기업은 각종 다양한 노력을 실시하여야 한다. 5S운동을 통한 정리정돈, 물류인력관리, 물류정보시스템의 도입, 물류자동화 설비의 구축, SCM의 도입, 로지스틱스의 관리 등 다양하게 물류경영을 위한 노력을 기울여야 할 것이다.

물류는 아주 다양하고 광범위하여 "이것이 답이다"라고 할 수 있는 정해진 해결책이 없다고 생각한다. 기업마다 그 기업에 맞는 맞춤형 물류의 해결책을 찾아야 한다는 것이다. 이러한 해결책을 찾기 위해서는 무엇보다 물류운영의 기본개념을 충실히 이해하는 것이 무엇보다 중요하다고 생각한다. 물류를 오랫동안 담당한 사람도 입고가 무엇인지 입하가 무엇인지 정확히 말할 수 있는 사람은 그다지 많지 않은 게 현실이다.

본 책자는 물류의 기본개념을 알기 쉽게 설명해 놓았다고 생각한다. 이러한 물류의 개념을 정확히 이해한 바탕 위에 각 회사만의 특성 있는 물류를 구축해나가야 할 것이다. 다른 회사의 성공사례를 아무리 연구한다 해도 자기 회사에는 맞지 않는 경우가 많다는 것이 물류의 특성이기도 하다. 본 책자의 제목인 『물류, 기본이 중요하다』도 이러한 맥락에서 생각하게 된 것이다.

우리 각자는 물류기본에 충실하여 내가 속한 회사의 물류를 하나씩 창조해 나간다는 마음으로 임할 때 진정한 물류전문가로 재탄생된다는 것을 명심해야 할 것이다. 그러한 물류 전문가로 재탄생하는 데 있어서 본 책자는 작으나마 길잡이 역할을 해줄 수 있을 것이다. 아무쪼록 이 책이 기업물류를 이해하고 선도하는 데 작은 마중물 역할을 해줄 수 있기를 간절히 바란다.

2020년 4월 19일

CONTENTS

CHAPTER 10 물류시스템화를 통한 생산성의 향상 ─────

CHAPTER 11 물류마인드의 향상을 통한 물류의 발전 ─────

물류의 기본

01 물류의 정의

물류는 생산자와 소비자의 시간적 공간적 문제를 해결하기 위한 활동으로 다음과 같은 다양한 정의를 내릴 수 있게 된다.

전통적으로 물류의 정의는 다양한 측면에서 정의를 내릴 수 있다. 과거 물물교환의 시대에서는 생산자와 소비자가 쉽게 시장에서 만나 서로의 물건을 주고받으면서 자연스럽게 거래 유통 가 형성되었다. 그런데 시대가 흘러 산업이 고도화되면서 생산자와 소비자의 연결이 쉽지 않게 되었다.

이러한 생산자와 소비자의 연결이 어려워지는 것을 해결하기 위하여 제품을 보관하는 창고가 필요하게 되었으며, 제품을 장거리에 걸쳐서 이동시켜주는 운송이 필요하게 된 것이다. 물건을 매개체로 한 생산자와 소비자의 연결을 원활하게 한다는 측면에서 아래와 같이 물류를 정의할 수 있게 된다.

이러한 물류의 정의가 다양한 것은 시대적인 흐름 속에 처한 물류의 환경과 여건이 서로 다르기 때문일 것이다.

❶ 물류는 물적 유통의 약자로 물건物의 흐름流을 의미한다.

❷ 물류는 물자를 생산자로부터 소비자에게 이동시키는 모든 활동, 즉 생산 과 소비의 물자연결활동이라고 정의할 수 있다.

❸ 물류란 제품을 물리적으로 생산자로부터 최종소비자에게로 이전하는 데 필요한 보관, 하역, 운송, 포장, 정보처리 등의 행위로 정의한다.

❹ 물류란 생산자와 소비자와의 사이에서 존재하는 시간적 효율과 공간적 효율을 창출해나가는 활동을 말한다.

❺ 물류를 Logistics라는 관점에서 원부자재의 조달에서 제품의 생산, 판매, 반품, 회수 및 폐기에 이르기까지의 전략적이고 통합적인 물류활동을 말 한다.

❻ 물류를 SCM 관점에서 공급자, 제조업자, 물류업자, 유통업자 간 물자, 자금, 정보를 통합하여 최적화하는 물류활동을 말한다.

02 유통과 물류의 상관관계

유통은 상적유통으로 상거래 행위를 말하며, 물류는 물적유통으로 물자의 흐름을 의미한다.

위의 상적유통_{유통}과 물적유통_{물류}을 총칭하여 유통이라고도 한다.

유통Distribution 은 넓은 의미에서 보면, 생산자로부터 소비자에게 소유권의 이전을 의미하는 상적유통_{상류}과 실물의 이동을 의미하는 물적유통_{물류}으로 구분하며, 포괄적인 의미에서 이 두 가지가 유통을 의미한다. 그렇지만 일반적으로 알고 있는 유통은 협의의 차원인 상적유통_{상류}을 말한다.

1) 상류 상적유통, 협의의 유통

상적유통, 즉 상류는 일반적으로 유통이라 불리는 것이며, 협의의 유통을 가리킨다. 상적유통Commercial Distribution 은 소유권 이전활동과 관련된 거래활동으로 대금지불의 행위가 일어나며, 금융과 보험 등의 보조활동을 포함하고 있다. 유통은 다른 쉬운 말로 표현하면 거래라는 말이 되며 점포에서 이루어지는 소비자의 상거래 행위가 유통이 된다.

2) 물류 물적유통

물적유통 Physical Distribution 은 공급자와 소비자 간에 거래가 일어난 뒤, 공급자에서 소비자에게로 제품을 인도함으로써 시간적, 공간적 효율을 창출하는 전반적인 활동을 말한다. 이는 공급자에서 소비자에게로 흘러가는 물자의 흐름을 관리하는 모든 활동을 의미하는 것으로 물류의 활동에는 운송, 보관, 하역, 포장 유통가공, 정보처리 등으로 이루어지는 물류의 기능이 있다.

◀ 유통과 물류의 관계 ▶

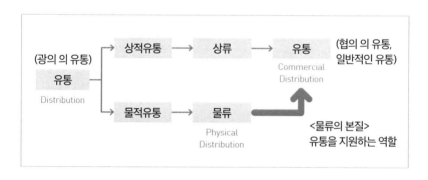

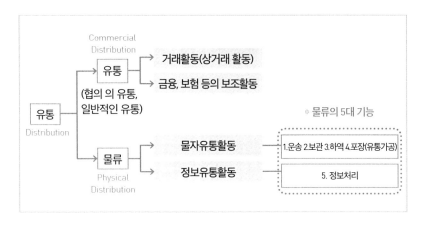

03 유통을 뒷받침하는 물류

물류는 물류만으로는 존재할 수 있는 경제영역이 아니다. 즉 유통의 존재를 뒷받침하고 원활히 하도록 하기 위해서 존재하는 것이다.

물류와 유통의 관계를 정확히 이해하여 유통의 흐름에서 존재하는 물류의 위치를 잘 인식하여야 할 것이다. 물류와 유통의 관계를 다음과 같이 정리할 수 있겠다.

1) 물류도 유통의 한 부류

물류는 근본적으로 유통에서 파생된 영역으로 시장에서의 유통이 원활하게 이루어지도록 도와주는 역할을 한다. 물류는 유통 없이 물류만으로는 그 존재의 가치를 가져갈 수 없다고 할 수 있다. 물류라는 명칭에서도 그 의미를 찾을 수 있다. 물류는 한자어로 물적유통物的流通의 줄인 말로 물류라는 단어 속에 유통이라는 말이 포함되어 있다.

2) 유통은 상적인 거래, 물류는 제품의 흐름

상적유통인 유통에서는 고객과 점포 간에 물건을 팔기 위하여 자본을 기반으로 한 거래행위가 일어나고 있으며, 물적유통인 물류에서는 생산에서 소비자에게 제품이 팔리기까지의 제품의 흐름이 발생하고 있다.

3) 유통을 뒷받침하는 물류

물류는 물류만으로는 존재할 수 있는 경제영역이 아니다. 즉 유통의 존재를 뒷받침하고 원활하게 하려고 존재하는 것이다. 이는 마치 수면 위로 보이는 빙산 부분을 유통상적유통이라고 한다면, 수면 아래에 보이지 않게 뒷받침하는 부분을 물류물적유통라고 할 수 있겠다.

최근 유통의 경향은 고객의 요구가 다양화, 전문화, 고도화되고 있는 시대를 살아가고 있다.

유통의 변화에 따라 물류도 그 관리 수준이 다품종, 소량, 다빈도한 출하 체제로 바뀌고 있음을 인식하여야 하겠다.

◀ 수면 아래에서 유통을 뒷받침하는 물류 ▶

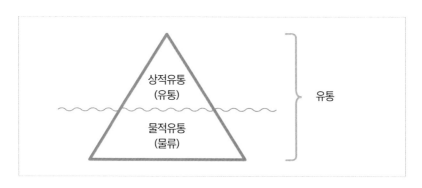

04 상물분리를 통한 물류의 효율성

기업에서는 핵심역량을 강화하기 위하여 상물을 분리하게 된다. 상적유통인 유통에서는 영업력을 강화하게 되고, 물적유통인 물류에서는 물류전문화를 추구한다.

상물분리와 상물일치는 유통과 물류의 관계에서 기업이 나아가야 할 방향을 명확히 하고 있다. 시장의 초기 단계에서는 유통과 물류가 함께 움직이는 상물일치의 경영이지만, 시장이 성숙하게 되면 유통과 물류가 분리되는 상물분리의 경영으로 나아가게 된다.

상물분리를 통한 물류의 독립은 유통으로 하여금 핵심역량인 영업활동에 집중하게 만드는 것이며, 물류는 물류경영 측면에서 독자적인 효율성을 추구하게 된다. 이제 물류와 유통을 엄격히 구분하여 각 분야의 전문성을 인정하는 시대가 되었음을 인식하여야 할 것이다.

1) 상물일치의 의미

상물일치는 상적유통과 물적유통을 분리하지 않고 동시에 진행하는 것을 말한다. 과거 물류가 전문화되지 않은 시대에는 유통과 물류를 분리하지 않고 동시에 진행하였다.

예를 들어 배송기사가 점포에 제품을 내려주면서 진열도 하고 주문도 받게 되는데, 이는 물류와 영업 유통을 동시에 진행하는 것이 된다.

이를 일반적으로 루트세일 Route sale 방식의 배송이라고 한다. 기업의 초기 단계에서는 배송과 영업 행위를 같이하게 되지만, 기업이 규모를 갖추게 되면서는 이러한 상물일치는 각 분야의 전문성을 떨어트려 비효율적인 업무로 이어지게 된다.

2) 상물분리의 의미

유통에는 상적유통과 물적유통이 있는데, 상적유통은 일반적으로 공급자와 소비자와의 관계에서 일어나는 거래행위를 말하며, 물적유통인 물류는 공급자와 소비자와의 관계에서 발생하는 물자 제품 의 전달과정을 의미한다. 이 두 가지의 유통인 상적유통과 물적유통을 각각 분리해서 독립적으로 운영하는 것을 상물분리라고 한다.

최근 각 기업에서는 핵심역량을 강화하기 위하여 상물을 분리하게 된다. 상적유통인 유통에서는 영업력을 강화하게 되고, 물적유통인 물류에서는 물류전문화를 이루어 물류비용의 절감과 물류서비스의 향상을 추구하게 된다.

3) 상물분리의 효과
❶ 선택과 집중을 통한 핵심역량 강화 영업과 물류의 전문화

❷ 효율성을 통한 비용의 절감

❸ 전문화를 통한 서비스의 향상

❹ 운송경로 단축, 규모화로 운송비의 절감

❺ 재고의 편재, 과부족의 해소

❻ 물류의 기계화, 자동화로 효율성의 향상

❼ 유통혁신으로 저비용 고효율의 물류실현

◀ 상물분리와 상물일치의 이해 ▶

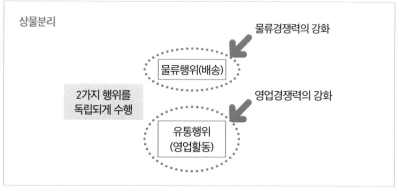

05 물류의 목적

물류의 목적은 물류서비스의 향상과 물류비용의 절감이다. 즉 보다 낮은 물류비용으로 높은 차원의 물류서비스를 추구하여 고객요구를 만족시키는 것을 말한다.

각 기업이 물류를 진행함에 있어서 목적을 알고 업무에 임해야 한다는 것은 무엇보다도 중요하다. 인력의 관리, 시스템의 도입, 프로세스의 개선, 물류업무의 관리 등 물류에서 발생하는 모든 일은 이 물류의 목적에 부합하여 진행해야만 제대로 된 성과가 나오게 된다.

현재 읽고 있는 이 책자의 목적 또한 결국 물류의 목적인 물류서비스 향상과 물류비용 절감이라는 목적을 달성하기 위함이다. 물류의 목적을 인식하면서 물류의 모든 업무를 진행할 때 진정한 최적의 물류가 만들어지게 될 것이다.

물류의 목적을 나무의 성장을 통해서 보다 쉽게 이해할 수 있을 것이다. 물류센터에도 각종 시스템이 존재하고, 사람들이 있는 것은 근본적으로 물류의 목적인 물류서비스 향상과 물류비용의 절감을 이루기 위함이 된다. 나무의 성장을 통하여 꽃과 열매를 얻지 못하면 아무 소용이 없듯이, 물류는 물류의 목적을 반드시 달성해야 하는 것이다.

❶ 뿌리 → 물류센터의 운영 시스템

물류센터를 운영하기 위한 눈에는 보이지 않지만 중요한 정보가 움직이고 있는 ERP나 WMS와 같은 물류정보시스템을 가리킨다. 나무는 뿌리가 튼튼하여야 하듯 이러한 물류 운영 시스템이 물류센터의 뿌리와 같은 역할을 하게 된다.

❷ 기둥 → 물류센터장 및 파트장

물류센터의 중추적인 역할을 담당하고 있는 센터장과 파트장 들이 나무 기둥과 같이 버팀목 역할을 하여야 물류센터가 잘 운영되는 것이다.

❸ 가지와 잎사귀 → 파트별 담당자 및 각 직원들

가지와 잎사귀에서 결과물인 꽃이 피고, 열매를 맺게 된다. 이러한 가지와 잎사귀에 영양분이 잘 전달되어 물류센터의 운영이 체계적으로 활성화되도록 해야 할 것이다.

❹ 꽃과 열매 → 물류서비스 향상과 물류비용의 절감

나무의 마지막 성과물이 꽃과 열매로 반영되듯, 물류는 물류서비스의 향상과 비용의 절감으로 최종적인 목적을 달성하여야 한다. 그래야만 기업은 유통과 함께 지속적인 발전을 이루게 되는 것이다.

❹ 꽃과 열매 → 물류서비스의 향상, 물류비용의 절감

❸ 가지와 잎사귀 → 파트별 담당자 및 직원 들

❷ 기둥 → 물류센터장, 파트장

❶ 뿌리 → 운영시스템(ERP, WMS 등)

06 물류목적의 달성을 위한 방안

서비스 향상은 고객주문에 대하여 적기 적량의 공급이며, 물류 비용절감은 작업생산성의 향상을 통하여 달성하여야 한다.

서비스 향상은 적기 적량, 비용절감은 작업생산성의 향상

물류서비스 향상의 핵심적인 개념은 적기 적량이다. 고객이 주문한 제품에 대하여 고객이 원하는 시간에 원하는 양만큼을 얼마나 정확히 갖다줄 수 있느냐에 따라서 물류서비스가 좌우되는 것이다.

물류비용의 절감은 인당 작업생산성의 향상이라 하겠다. 단순히 각종 비용을 절감하겠다는 차원에서 벗어나 각 인력의 작업생산성을 향상시키므로 물류비용이 절감되어야 한다는 것을 말한다.

서비스 향상과 비용절감은 트레이드오프의 관계

서비스 향상Service Up 과 비용절감Cost Down 과의 사이에는 서로 부딪치는 상충관계Trade-off¹⁾가 존재한다. 즉 일반적인 상황에서 서비스를 향상시키고자 하면 비용이 증가하게 되며, 반대로 비용을 절감하고자 하면 서비스의 질이 떨어지게 되는 것이다. 물류는 많은 부문에 있어서 이러한 서비스와 비용 간의 상충관계트레이드오프가 존재하고 있다.

◀ 물류서비스와 물류비용의 상관관계 ▶

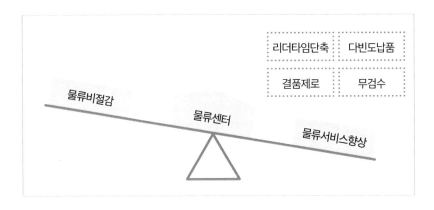

❖ 물류의 목적을 모두 달성하기 위한 방안

물류는 추구하려는 목적이 한쪽에 치우쳐서는 안 된다. 반드시 물류서비스의 향상과 물류비용의 절감을 함께 추구해 나가야 한다.

....

1) 상충관계(Trade off):트레이드 오프는 '이율배반', '서로 부딪침', '상호 충돌'과 같은 뜻을 갖고 있다. 고객서비스를 높이려면 비용이 증가하고, 반대로 비용을 낮추면 서비스가 저하되는 상호 이율배반적인 상태를 말한다. 물류합리화의 어려움은 이와 같은 트레이드 오프 관계가 물류의 각 기능에서 많이 존재하므로 의사결정이 힘들다는 것이다.

그러기 위해서는 물류시스템의 도입, 프로세스의 개선, 적절한 장비의 사용 등과 같은 노력이 이루어져야 한다.

◀ 시스템도입을 통한 물류의 목적 달성 ▶

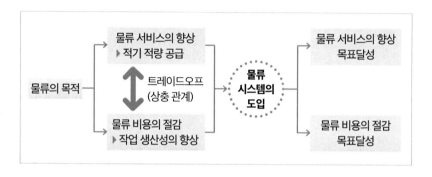

07 물류 목적을 통한 유통발전

물류의 존재 가치는 유통을 뒷받침하는 데 있다. 물류서비스의 향상은 유통의 영업경쟁력을 향상시키며, 물류비용의 절감은 제품 경쟁력의 증대를 가져온다.

물류의 목적인 물류서비스의 향상과 물류비용의 절감은 결국은 유통의 발전으로 이어지게 된다. 물류의 존재 가치가 유통을 뒷받침하는 데 있다고 했는데, 물류서비스의 향상은 유통의 영업경쟁력을 향상시켜서 매출증대를 가져오게 되며, 물류비용의 절감은 제품 경쟁력의 증대를 통하여 기업의 순이익 증대로 나아가게 된다.

즉 물류 목적의 달성은 근본적으로 유통의 경쟁력을 향상시켜 최종적으로 기업의 발전을 이룩하게 하는 핵심적 요소가 되는 것이다.

◀ 물류를 통한 유통의 발전 모습 ▶

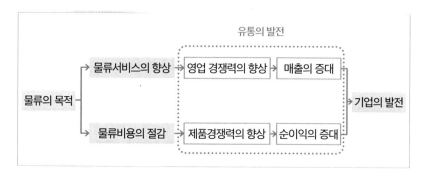

CHAPTER 01 **물류의 기본**

08 물류의 중요성

기업의 경쟁은 날로 치열해지며, 경제의 전반은 저성장 시대를 맞이하게 되었다. 이러한 때에 기업은 물류가 제3의 이익원으로 불리며, 물류서비스 향상 및 물류비용 절감이 기업경쟁의 핵심전략으로 부각되면서 물류의 중요성이 더욱 증가되고 있다.

1) 물류의 중요성에 대한 언급

- 물류는 "경제의 암흑대륙, 이윤의 보고다."
- 물류는 "비용절감을 위한 최후의 미개척 분야이다."
- 물류는 "마케팅의 절반이다."

2) 물류의 중요성이 증가하는 이유

- 매출증가 및 제조원가 절감을 통한 이익실현이 한계에 달함
- 외부환경에 의한 물류비용의 지속적인 증가
- 고객 요구가 다양화, 전문화, 고도화됨

- 다품종, 소량, 다빈도한 주문에 대한 물류의 대응 요구

- 정보기술의 발달로 인한 물류역할의 승대

- 글로벌화에 따른 국제물류의 범위 확대

- 물류관리가 경영의 핵심으로 인식되고 있음

3) 기업의 이익원의 변화

- 제1의 이익원: 원가절감을 통한 이익창출 _{생산관리 중심}

- 제2의 이익원: 매출액 증가를 통한 이익창출 _{마케팅 중심}

- 제3의 이익원: 물류비 절감 및 물류서비스향상을 통한 이익창출 _{물류관리}

  _{중심}

◀ 기업발전을 위한 물류의 중요성 ▶

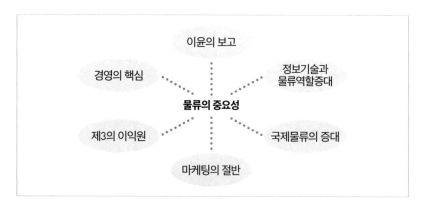

CHAPTER 01 **물류의 기본**

· · ·

물류의 기능

01 물류의 5대 기능

　물류의 5대 기능은 일반적으로 운송, 보관, 하역, 포장^{유통가공}, 정보처리의 5가지로 나누어진다. 각각의 물류기능은 물류의 목적인 물류서비스의 향상과 물류비용의 절감을 추구해 나가야 한다.

　물류의 목적인 물류서비스의 향상과 물류비용의 절감을 반드시 인식한 다음, 이러한 물류의 목적을 달성하기 위한 활동으로 물류의 5대 기능을 잘 인식해야 하겠다. 결국 물류의 활동은 이 5가지의 물류기능을 얼마나 효율적으로 잘 수행하느냐에 따라서 물류의 승패가 좌우되는 것이다.

　각각에 존재하는 물류의 기능들을 수행함에 있어서 성공하기 위해서는 기능별로 물류의 목적인 물류서비스의 향상과 물류비용의 절감이 적용되어야 할 것이다. 물류의 5대 기능은 일반적으로 운송, 보관, 하역, 포장^{유통가공}, 정보처리의 5가지로 나누어진다.

　과거에는 정보처리를 뺀 운송, 보관, 하역, 포장, 유통가공의 5가지를 물류의 5대 기능으로 분류하였으나 최근에는 정보처리의 역할이 커지므로 인해서 정보처리를 5대 기능 안에 포함시키고 대신 유통가공을 포장에 포함해서 분류하는 경향이 높아졌다. 물류센터의 기능이 고도화될수록 보관, 하역, 운송, 포장의 4가지 필수기능보나 유통가공과 정보처리의 역할이 더 커지고 있다.

◀ 물류의 5대 기능 구분 ▶

02 운송 기능

차량을 통하여 제품을 이동하는 것으로 물류에서는 공간효율을 창출해준다. 생산지역과 소비지역의 상이함을 해결해주기 위해서 운송이 그 역할을 하는 것이다.

운송은 일반적으로 수송과 배송으로 나누어지며, 수송은 공장에서 물류센터로 운반해주는 장거리 운송의 개념이며, 배송은 물류센터에서 각 점포로 제품을 운반하는 단거리 운송을 말한다.

◀ 운송을 통한 제품의 공간적 효율의 창출 설명 ▶

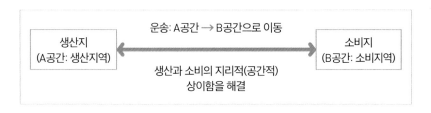

◀ 장거리 수송과 단거리 배송의 설명 ▶

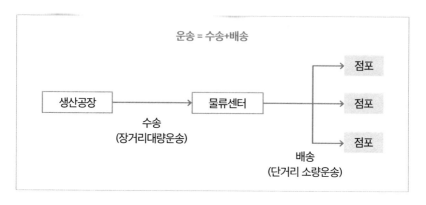

운송 = 수송+배송

생산공장 → 물류센터
수송
(장거리대량운송)

점포
점포
점포
배송
(단거리 소량운송)

03 보관 기능

　물류센터에 제품을 보관하여 재고를 관리하는 일련의 활동을 말하는 것으로 물류에서 시간적 효율을 창출한다.

　보관은 생산시점과 소비시점의 상이함을 해결하기 위해서 보관을 하게 된다. 보관의 활동으로는 입고, 출고, 로케이션관리, 재고관리, 재고이동, 재고조사 등의 업무가 있다.

❖ 시간적 효율 창출의 사례

❶ 가을에 생산된 사과를 냉장보관해 두었다가 1년 동안 계속 소비가 일어나게 한다.

❷ 여름에 생산된 난방기기는 겨울까지 보관하지 않으면 수요에 적합하지 않게 된다.

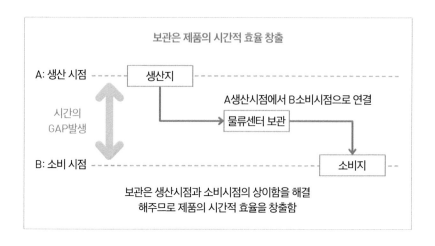

A: 생산 시점

생산지

보관은 제품의 시간적 효율 창출

시간의
GAP발생

A생산시점에서 B소비시점으로 연결

물류센터 보관

B: 소비 시점

소비지

보관은 생산시점과 소비시점의 상이함을 해결
해주므로 제품의 시간적 효율을 창출함

04 하역 기능

물류센터 내에서 일어나는 활동 중에서 보관, 포장, 유통가공을 제외한 나머지 인력에 의해서 제품을 취급하는 모든 활동을 하역이라고 할 수 있다.

피킹, 분배, 분류, 입출하검품, 상하자 등의 물류센터 내 인력에 의한 물류활동을 하역이라고 한다. 일반적으로 하역하면 제품을 상하차하는 활동으로 인식하는 경우가 많은데, 물류의 기능에서 하역이 차지하는 역할은 넓은 범위에서 이루어지고 있다.

◀ 물류센터 내 하역활동의 범위 ▶

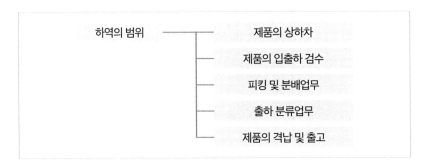

05 포장
기능

물류센터에서 일어나는 포장활동으로 주로 주문오더에 의해서 피킹이 발생한 뒤 배송하기 위해서 포장하는 작업을 말한다.

공장에서 제품을 포장하는 것은 물류포장과는 구분되게 주로 상업포장이라 한다. 상업포장의 포장비는 제품 원가에 반영되는 반면에 물류에서의 포장은 물류관리비 항목에 속한다. 물류의 포장은 제품의 안전과 보호를 주목적으로 하며, 주로 물류포장, 재포장이란 명칭으로 표현된다.

물류에서 이루어지는 포장의 종류로는 종이박스, 플라스틱용기, 스티로폼박스, 비닐봉투, 행랑 등에 의한 포장이 있다.

❖ **상업포장=제품의 생산비에 포함되어 제품의 원가에 반영됨**

❖ **물류포장=물류비의 항목 중에서 포장비에 속하는 영역**

생산공장

물류센터

<생산포장>
생산 후 포장 = 상업포장(제품원가에 반영)
낱포장(단위포장), 속포장(내포장), 겉포장(외포장)

<물류포장>
주문후 피킹에 의한 포장 = 물류포장(재포장)
종류) 골판지박스, 프라스틱박스, 스치로폼박스, 비닐봉투,
행랑 등

06 정보처리 기능

정보처리 활동은 물류센터와 거래처 간에 발생하는 수발주활동이 주된 업무이다. 그 외에도 운송, 보관, 하역, 포장 등의 모든 활동을 진행하면서 발생하는 각종 데이터의 정보처리 활동을 포함한다.

최근 물류센터의 효율성을 높이기 위하여 정보처리를 최대한 활용하는 방향으로 업무의 개선이 이루어지고 있다. 특히 물류센터의 정보처리 고도화를 이루기 위하여 WMS, TMS, OMS와 같은 물류정보시스템을 적극적으로 도입하게 된다. 그리고 정보시스템과 연계된 물류자동화시스템을 도입하게 되는데, 이러한 자동화시스템은 정보에 의해서 모든 것들이 움직여진다고 할 수 있다. 물류센터의 정보처리 업무로는 다음과 같은 업무들이 있겠다.

1) 발주관리

공장이나 벤더업체에 대하여 주문을 하기 위하여 발주정보를 보내게 된다. 업체로부터 제품이 입하되기 전 입하예정정보^{ASN정보}가 수신된다. 입하검수를 실시하여 입하확정정보를 다시 업체로 보내게 된다.

2) 수주관리

출하거래처로부터 주문정보인 수주정보를 ERP로부터 수신을 받게 된다.
작업이 완료되어 출하검수가 확정이 되면 출하확정정보를 보내게 된다.

3) 입하관리

제품이 입하된 시점에서 입하예정정보를 기준으로 검수를 실시하여 입하
확정 처리를 실시한다.

4) 출하지시에 따라 피킹작업이 완료된 제품에 대하여 출하검수를 실시하여 출하확정처리를 실시한다.

5) 재고관리

입출고관리를 통한 재고갱신, 재고이동, 재고조사, 재고수정 등의 업무를
시스템을 통하여 실시한다.

6) 배송관리

배차관리, 적재관리의 업무를 출하지시 정보에 따라서 실시한다.

7) 시스템관리

입출하검수용 RF시스템, 피킹 및 분배시스템, 자동소터기, 자동창고 등의

물류시스템에 대하여 정보처리를 실시한다.

8) 마스터관리

출하처, 입하처, 상품코드, 로케이션코드, 배송코드 등에 대한 전산 마스트관리를 실시한다.

9) 관리분석업무

회사별 물류의 환경과 전략에 따라서 물류KPI, 수요예측, 재고계획, 인력계획 등을 실시한다.

◀ 물류센터 정보처리 흐름도 ▶

CHAPTER 02 **물류의 기능**

07 물류기능별 물류목적의 달성

　물류의 목적인 물류서비스의 향상과 물류비용의 절감을 이루기 위해서는 보다 구체적으로는 물류의 기능별로 그 목표가 달성되어야 한다.

　물류의 5대 기능을 명확히 인식하는 것은 업무에 대한 역할과 범위를 아는 것도 되겠지만, 보다 더 중요한 것은 물류의 각 기능별로 물류의 목적인 물류서비스의 향상과 물류비용의 절감을 이루어야 한다는 것이다.

　기능별로 업무에 대한 개선활동을 통하여 업무의 최적화를 이루어야 할 것이며, 이에 따른 기능별 물류서비스의 향상과 물류비용의 절감에 대한 구체적인 목표달성을 이루어 나가야 할 것이다.

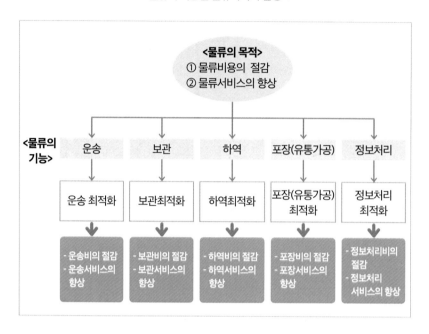

08 물류의 영역

물류의 영역은 이른바 조달물류, 생산물류, 판매물류로 나뉜다. 일반적으로 불리는 물류의 영역은 판매물류를 말한다.

물류의 기능은 물류센터 내에서 존재하는 물류업무의 영역을 구분하였는데, 물류의 영역에서는 조달, 생산, 판매에 이르는 전체 물류영역에서 어떤 종류의 물류영역이 존재하는지를 알고 자신이 속한 물류가 어느 영역의 물류인지를 인식하여야 할 것이다.

물류는 먼저 전체를 인식하면서 각각의 부분 최적화를 이루어야 하는데, 그러기 위해서는 물류가 차지하는 전체영역을 정확히 이해한 다음 해당하는 물류영역의 목적을 이루어나가야 할 것이다. 물류의 영역은 조달에서 생산, 판매에 이르는 로지스틱스의 관점에서 분류했을 때 3대 영역으로 구분된다.

물류의 3대 영역은 이른바 조달물류, 생산물류, 판매물류로 나누어진다. 일반적으로 불리는 물류는 판매물류의 영역을 말한다. 즉 생산에서 운송되어 온 제품을 보관하였다가 고객의 주문에 의하여 배송을 실시하는 것에 대하여 판매물류라고 하며, 이를 일반적으로 기업물류라고 말한다.

이러한 물류는 조달과 생산이 배제된 판매를 위한 물류로써 판매물류 Physical Distribution 인 것이다.

그리고 조달물류, 생산물류, 판매물류를 통틀어서 물류를 표현할 때에는 로지스틱스라고 말한다. 또한 자사물류에 추가하여 협력사의 물류까지 통합하여 관리하는 물류를 SCM이라고 할 수 있는 것이다.

◀ 물류의 영역 설명 ▶

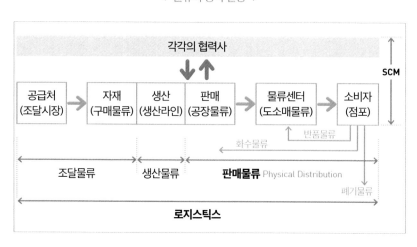

· · ·

물류센터의 유형

01 물류센터의 종류와 특징

물류센터의 종류에는 일반적인 물류센터 외에도 가공센터, 반품센터, 재활용센터, 보세창고 등으로 구분된다.

1) 일반물류센터

일반물류센터에서는 기능 면에서 크게 DC Distribution Center 와 TC Transfer Center 로 구분된다. DC센터와 TC센터의 구분은 쉽게 말하면 재고를 보유하고 있느냐 없느냐에 따라서 결정된다.[2]

❶ DC센터 재고형 물류센터

DC센터는 재고형 물류센터로 물류센터에 기본적으로 안전재고를 확보하고 있으므로 출하처에 대하여 결품의 방지와 리드타임[3]의 단축이 가능하

·················

2) 편의상 일반적으로 DC와 TC를 DC센터, TC센터라고 표현한다.

3) 리드타임(Lead Time): 고객의 주문에서 배송이 완료될 때까지 소요되는 시간을 말한다.

다. 일반적으로 상온물류센터와 냉동물류센터가 DC센터의 유형을 많이 가져가게 된다.

❷ TC센터 통과형 물류센터

TC센터는 재고를 갖지 않는 통과형 센터라고 한다. 입하처로부터 납품된 제품이 센터에 입하되어 당일 전체 제품이 분류되어 출하되는 형태의 물류센터이다. 점포별로 분류되어서 배송되는 점포별 납품 형태가 있고, 차량별 총량을 분류하여 납품하는 총량 납품의 형태가 있다. TC센터의 장점은 물량 증가에 대하여 유연하게 대응 가능하며 운영비용이 저렴하다고 할 수 있다.

반면에 단점으로는 안전재고를 확보하고 있지 않으므로 결품이 발생할 가능성이 높다는 것이다. 그리고 통과형 물류센터를 운영하기 위한 시스템 구축에 비용이 많이 든다. 일반적으로 자동분류시스템, 혹은 디지털어소팅시스템DAS 과 같은 시스템을 구축해 놓고 입하된 상품을 곧바로 분류해서 출하시키는 업무를 진행하게 된다.

일반적으로 택배형 물류센터와 냉장물류센터가 TC센터의 유형을 많이 가져가게 된다.

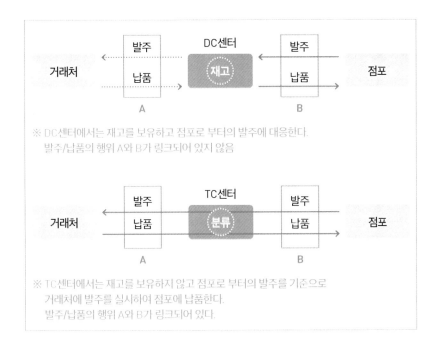

※ DC센터에서는 재고를 보유하고 점포로 부터의 발주에 대응한다.
발주/납품의 행위 A와 B가 링크되어 있지 않음

※ TC센터에서는 재고를 보유하지 않고 점포로 부터의 발주를 기준으로
거래처에 발주를 실시하여 점포에 납품한다.
발주/납품의 행위 A와 B가 링크되어 있다.

2) 가공센터 임가공센터, 유통가공센터

공장 관련 제품의 가공처리를 진행하는 가공센터는 대체로 공장 가까운 곳에 위치하고 있다.

이러한 물류센터에 대하여 유통가공센터라고도 한다. 점포에서의 작업 부담을 줄이기 위하여 물류센터 유통가공센터 에서 가공작업을 진행하게 된다. 작업 내용으로 가격표부착, 묶음포장, 식품조리, 식품포장, 분류 등을 진행하게 된다.

3) 반품센터

출하처인 점포로부터 넘어온 제품을 처리하는 장소를 반품센터라고 한다. 통신판매 혹은 출판물류 등과 같이 반품이 집중적으로 많은 곳에 설치된다. 제품의 분류 및 재포장업무를 통하여 재출하를 준비하게 된다. 재출하의 유형에는 신상품으로 재출하, 할인상품으로 재출하, 폐기를 위한 출하 등으로 나뉘게 된다.

4) 재활용센터

사용이 종료된 박스, 플라스틱, 음식물쓰레기 등을 재생 자원화하는 장소 물류센터를 말한다.

5) 보세창고

수출입에 있어서 관세 신고를 진행하기 위해서 보관하는 장소 물류센터이다. 물리적으로는 국내에 있으면서도 상대 국가인 국외로 취급되어 행정절차가 진행된다.

02 물류센터의 기본레이아웃 유형

제품의 흐름이나 사람의 움직임을 동선이라고 한다. 입하에서 출하까지에 있어서 물류의 동선이 교차되거나 역류하게 되면 작업효율은 떨어지게된다. 그런 점에서, 물류센터의 유형은 'I자형', 'L자형', 'U자형' 3가지 유형중에서 어느 한 가지로 결정되게 된다.

❶ I자형 물류센터

입하장과 출하장이 반대 방향으로 되어 있으며, 입하에서 출하까지의 동선이 일직선이다. 택배물류센터는 입하와 출하가 동시에 진행되므로 I자형물류센터가 바람직하다.

❷ L자형 물류센터

입하장과 출하장이 서로 다른 방향에 있다. 동선의 흐름은 처음 일직선에서 직각으로 방향이 바뀌게 된다. 입하작업의 온도대와 출하작업의 온도대가 다른 경우에는 L자형 물류센터가 바람직하다.

❸ U자형 물류센터

입하장과 출하장이 동일한 방향에 있다. 일직선으로 센터의 구석까지 들어간 후, 유턴해서 다시 돌아 나오게 된다.

입하작업과 출하작업의 시간대가 다른 경우에는 입하작업이 끝난 뒤에 입하장을 출하장으로 활용 가능하다. 그러므로 많은 물류센터에서는 이러한 U자형 물류센터를 많이 채택하고 있다.

차량이 접안하는 공간을 감안했을 때에는 U자형 물류센터를 고려하지 않을 수 없게 된다. 창고 내에서 I자형과 L자형의 기능을 가져가려는 노력을 하게 되는 것이다.

◀ 작업동선에 따른 물류센터의 유형 ▶

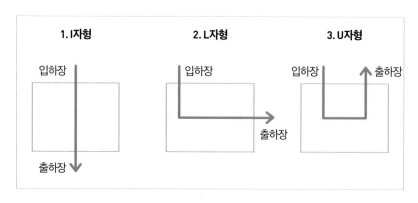

CHAPTER 03 **물류센터의 유형**

03 물류센터 작업영역별 레이아웃

물류센터는 보관만을 위한 공간이 아니므로 피킹장, 분류장, 입출하대기장 등에 있어서도 충분한 공간을 확보하여야 한다.

특히 입출하대기장을 충분히 확보하여 제품의 입출하가 원활히 흘러가도록 하여야 한다. 만약 입출하대기장을 충분히 확보하지 않고 보관공간 위주로 활용한다면 작업의 흐름이 원활하지 않게 되어 물류센터 작업의 전반적인 생산성을 저하시키게 만드는 원인이 될 것이다.

1) 물류센터의 건물

물류센터는 단층형 건물과 복층형 건물, 메자닌층형 건물 3가지의 유형이 있다.

- 단층형: 지게차 혹은 대차 등으로 작업이 진행된다.
- 복층형: 층간 이동을 위한 화물엘리베이터에 의해서 제품이 움직여진다.
- 메자닌층형: 컨베이어 및 수직반송기에 의해서 제품이 움직여진다.

2) 작업현장

입출하장(입출하도크), 입고대기상, 보관상, 피킹상, 유통가공장, 분류징, 출하대기장으로 구성되어 있다.

3) 부대시설

사무실, 편의실, 식당, 회의실 등

◀ 물류센터의 영역별 레이아웃 ▶

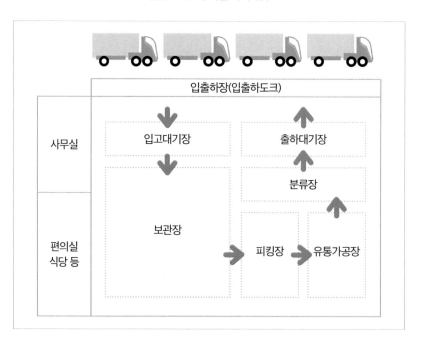

04 온도대별 물류센터의 구분

물류센터를 온도대별로 분류를 할 때에 대체로 3온도대로 분류하게 된다.

온도대는 크게 나누어 상온, 냉장, 냉동으로 구분이 된다. 상온은 10~25℃의 온도대, 냉장은 0~10℃의 온도대, 냉동은 -18℃ 이하의 온도대이다.

1) 상온창고 10~25℃

❶ 일반상온

상온은 온도관리를 하지 않아도 되는 제품군으로 물류센터 건물 자체의 환풍으로 온도관리를 한다. 상온 제품으로는 가공식품, 과자류, 주류 등이 있다.

❷ 정온

정온은 일반적으로 15~20℃의 중간온도대로, 제품군 중에 고온과 저온에 약한 제품으로 일정한 범위의 온도대를 유지해야 하는 경우에 필요한 곳이다. 정온 제품으로는 도시락, 삼각김밥, 초콜릿 등이 있다.

2) 냉장창고 0~10℃

냉장제품은 일반적으로 한 온도대로 관리되고 있는데, 상품의 특성에 따라서 아래와 같은 온도대에서 보관되어야 제품의 신선도가 잘 유지될 수 있게 된다.

❶ 청과물 5~10℃

❷ 유제품, 일배상품 0~5℃

❸ 냉장축산물 0℃ 전후

3) 냉동창고 -18℃ 이하

냉동제품에 있어서도 제품 특성에 따라서 정확한 온도관리가 이루어져야 한다. 제품의 온도대가 제대로 관리되지 않으면 같은 마이너스의 온도대라고 하더라도 제품의 형체변경, 신선도 저하와 같은 품질관리에 문제가 발생하게 된다.

❶ 냉동식자재 및 냉동식품 -18~-25℃

❷ 아이스크림류 -25~-28℃

❸ 초냉동식품류 -40℃

◀ 온도대별 물류센터 분류 ▶

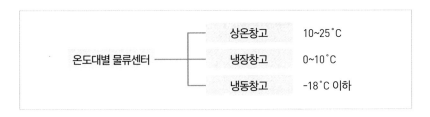

온도대별 물류센터 ─── 상온창고　　10~25˚C
　　　　　　　　├── 냉장창고　　0~10˚C
　　　　　　　　└── 냉동창고　　-18˚C 이하

05 물류센터 온도관리를 위한 방안

물류센터에서는 온도관리가 잘못되어 제품의 가치를 손상시키는 경우가 발생하므로 철저한 온도관리가 중요하다. 물류센터의 온도관리를 철저히 하기 위한 몇 가지 방안은 다음과 같다.

첫째, 물류센터에 전실 입출하대기장 을 설치하여 상온 노출을 최소화하도록 한다.

피킹 및 분배가 완료된 상품에 있어서는 롤테이너 및 대차 단위로 제품을 차량에 상차하기 전에 전실인 입출하대기장을 두므로 상온의 노출을 최소화하게 된다.

둘째, 에어커튼을 사용하여 외부공기가 창고로 들어오지 않도록 한다.

외기로부터의 온도를 차단하는 것은 제품의 온도대를 잘 유지해줄 뿐만 아니라 에너지 손실을 최소화하는 데도 엄청난 효과를 발휘하게 된다.

셋째, 온도 상승이나 결로를 방지하기 위하여 외기 도입시스템을 도입한다.

외기 도입시스템은 외부의 저온, 제습_{습기가 없음} 한 공기를 창고 안으로 끌어들여 창고 내의 온도를 내리고 압력을 상승시켜서 창고의 온도상승과 결로 방지를 만들어 가게 된다.

◀ 최적의 온도유지 방안 ▶

06 물류센터의 4대 구성요소

물류센터는 크게 4가지 요소인 사람, 물건, 자금, 정보에 의해서 구성된다. 이러한 4대 구성요소가 유기적으로 잘 결합할 수 있도록 하여야 할 것이다.

1) 사람

물류센터에는 센터운영을 총괄하는 센터장이 있으며, 그 아래에 사무처리를 하는 약간 명의 직원이 있게 된다. 그리고 현장작업을 담당하는 많은 수의 직원들로 구성되어 있다.

물류센터의 운영을 담당하는 인력은 물류품질 정시, 정량과 물류생산성을 향상시키기 위하여 노력하게 된다. 그러기 위하여서는 작업관리 및 개선활동이 핵심과제가 된다.

2) 물건

물류센터의 물건은 2가지로 나뉘는데, 그 첫 번째는 제품이다. 고객의 주문에 대하여 결품 없이 신속히 납품하기 위하여 적정재고를 보유하는 것이 중요하다. 두 번째는 물류작업을 효율적으로 하기 위한 각종 물류장비들이다. 그러므로 재고관리와 물류기기의 보유가 핵심과제가 된다.

3) 자금

물류센터는 물류비용의 절감이 무엇보다 중요하다. 비용절감을 위해서는 투자를 통한 비용절감이 이루어져야 할 것이다. 건물, 시스템, 장비 등의 적정한 투자를 통하여 비용절감을 추구해나가게 된다. 물류비용 관리가 핵심과제가 된다.

4) 정보

제품의 흐름에는 반드시 정보의 흐름이 연동되어서 함께 움직이고 있다. 예전에는 수발주업무와 각종 정보처리에 있어서 전화, 팩스, 리스트 등에 의존했었다. 최근에는 정보기술의 발달로 EDI 등에 의하여 정보의 송수신이 이루어지고 있다.

정보의 시스템화를 통하여 물류센터 전반의 활동을 지원해가게 된다.

◀ 물류센터의 4대 구성요소 ▶

07 취급상품별 물류센터 구분

물류센터는 취급상품별로 상온물류센터, 냉장물류센터, 냉동물류센터, 어패럴물류센터, 일용잡화물류센터, 의약품물류센터, 출판물류센터, 화장품물류센터 등으로 구분된다.

1) 상온식품 물류센터

상온식품 물류센터는 DC형 물류센터로 재고를 보유하여 점포별로 배송을 실시한다.

대표적으로 마트, 편의점, 슈퍼 등을 대상으로 하여 가공식품, 과자류, 음료 등을 납품하게 된다.

2) 냉장식품 물류센터

냉장식품 물류센터는 제품 특성상 재고를 보유하기 어려우므로 TC형 물류센터로 운영되는 곳이 많다. 냉동식품은 유통기한이 짧다는 특성으로 물류센터에 입하되어 검품과 동시에 분배작업을 거쳐서 출하하게 된다.

대표적으로 마트, 편의점, 슈퍼 등을 대상으로 하여 유제품, 일배제품 등을 납품하게 된다.

3) 냉동식품 물류센터

냉동식품 물류는 -18℃ 이하에서 관리되는 제품들로 온도관리가 중요하다.

냉동제품은 특성상 DC형 물류센터로 재고를 보유하여 관리하게 된다.

대표적으로 마트, 편의점, 슈퍼 등을 대상으로 하여 냉동식품, 냉동식자재, 아이스크림 등을 납품하게 된다.

4) 어패럴물류센터

어패럴물류센터는 매입거래처가 해외공장과 국내공장 양쪽에서 입하가 되고 있으며, 대체로 해외의 비중이 높다. 출하형태는 크게 약 50% 초두상품인 경우 크로스도킹 방식에 의해서 각 매장으로 일괄분배 된다. 나머지 50%는 판매추이에 따라서 반응 출고되는 형태로 이루어진다.

어패럴물류는 반품물류가 중요한 부분으로 시즌 아웃된 제품에 대하여 약 2~3년에 걸쳐서 이월상품으로 판매가 된다.

어패럴물류는 신상품과 반품을 효율적으로 처리하기 위하여 DAS시스템[4]과 소터시스템 등이 많이 적용되고 있다.

··················

4) DAS시스템: Digital Assorting System의 약자로 디지털표시기에 의해서 주문처리를 배분방식으로 실시하는 시스템을 말한다.

5) 일용잡화류 물류센터

일용잡화류 물류센터는 재고를 물류센터에 보유하는 DC형 물류센터이다.

최근 잡화물류에서는 위탁물류와 도매물류가 병행되어 이루어지고 있는 경우가 많다.

6) 그 외

의약품물류센터, 출판물류센터, 화장품물류센터 등이 있다.

CHAPTER 04

입하 및
입고 프로세스

01 입하와 입고의 구분

　입하업무는 제품이 공급처에서 센터로 들어와 검품작업을 실시하는 업무이며, 입고업무는 입고확정과 동시에 재고가 등록된다.

　물류업무를 진행함에 있어서 정확한 물류용어의 사용이 중요하다. 물류시스템을 도입하기 전에 먼저 물류용어의 사용이 정확해야 할 것이다. 물류에서 가장 중요한 용어임에도 불구하고 가장 많이 틀리게 사용되는 용어가 입하와 입고이다.

　동일한 장소를 놓고 어느 회사에서는 입고장이라고 불리고, 어느 회사에서는 입하장이라고 불린다. 마찬가지로 출고장과 출하장에 있어서도 마찬가지다. 가장 기본적인 용어를 회사마다 틀리게 사용하는 경우가 많다. 물론 이러한 용어들이 의사소통을 하는 데 있어서 큰 문제는 없을 수 있겠으나 보다 프로세스를 세밀하게 분석하여 업무를 체계화함에 있어서는 정확한 용어의 사용이 무엇보다 중요하다.

　입하와 입고의 용어를 정확히 이해하고 구분해서 사용하는 것만으로도 물류의 기본 개념 정립에 큰 도움이 될 것이다.

1) 입하의 정의

제품을 실은 차량이 물류센터로 들어와서 제품을 하차한 후, 검수를 마친후 입고대기장으로 이동까지의 업무를 말한다. 입하작업의 핵심적인 개념은 입하검품이 완료되면 제품의 소유권이 거래처에서 물류센터 측으로 이전된다는 것이다. 입하 入荷 라는 한자에서 보듯이 화물이 창고 안으로 들어온다는 의미를 갖고 있다.

2) 입고의 정의

입고대기장에 있는 제품을 보관랙에 적재하여 입고확정 후 재고등록이 완료되기까지의 업무를 말한다. 입고작업의 핵심적인 개념은 입고가 완료되면 물류센터의 재고가 플러스+ 로 갱신된다는 것이다. 입고 入庫 의 한자에서 보듯이 재고 在庫 라는 단어와 동일한 의미의 고 庫 라는 한자를 포함하고 있다.

◀ 입하와 입고의 업무영역별 구분 ▶

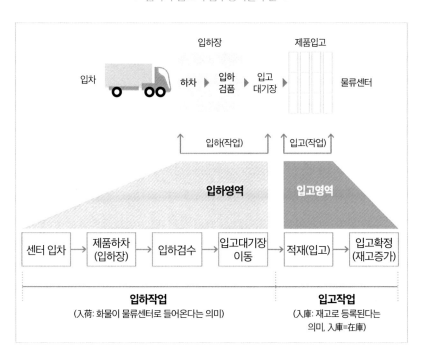

02 입하와 입고의 용어 구분

　입하와 입고에 있어서 사용되는 각종 용어를 비교하여 정확히 인식하도록 하여야 한다. 입하와 입고의 정확한 의미만 잘 인식한다면 아래의 명칭 외에도 입하를 사용할 경우와 입고를 사용할 경우를 구분하는 데에는 큰 어려움이 없을 것이다.

1) 입하검품과 입고검품
　- 입하검품: 차량에서 내려진 제품을 검품하는 것으로 입하검품이 일반적으로 사용되는 용어임.
　- 입고검품: 입하검품을 생략하고 보관랙에 입고^{적재}와 동시에 검품하는 경우에 가끔 사용할 수 있다. 일반적으로는 입하검품이라는 단어가 보편적으로 쓰이는 단어라고 생각하면 되겠다.

2) 입하장과 입고대기장
　- 입하장^{입하검품장}: 차량이 접안하여 제품을 내리는 장소를 입하장이라

고 하며, 검품작업도 실시하게 되므로 입하검품장이라고도 한다.

- 입고대기장: 입하검품이 완료되어서 보관랙에 적재하기 전 잠시 머무르는 임시 보관하는 장소를 말한다.

3) 입하지시서와 입고지시서

- 제품이 보관될 랙의 로케이션 정보가 표시된 리스트로 입고지시서라는 용어가 맞으며, 입하지시서는 맞지 않는 것이다.

4) 입하라벨과 입고라벨

- 입하라벨: 입하거래처에서 발행된 ASN정보[5]가 입력된 라벨 SCM라벨 을 말한다.

마트형 물류센터에서 입하와 동시에 크로스도킹에 의해서 자동분류가 될 경우 SCM라벨[6]의 바코드정보를 기준으로 작업을 진행한다.

- 입고라벨: 입하검품이 완료된 후 입고작업 관리를 위해서 입하검품과 동시에 발행되는 라벨을 말한다. 보관랙에 제품을 적재하기 위한 로케이션번호 정보가 등록되어 있다.

··················

5) ASN(Advanced Shipping Notice)정보: 공급처 입장에서 보았을 때 ASN정보가 사전출하정보의 의미를 갖고 있으며, 물류센터 입장에서는 ASN정보가 입하예정정보가 되어서 입하검품 시에 사용된다.

6) SCM(Shipping Carton Marking)라벨: ASN정보가 표시된 바코드라벨을 말하며, 이것을 제품박스에 붙여서 물류센터로 입하하게 된다.

5) 입하처와 입고처

물류센터에서 주문한 제품을 보내주는 곳을 의미하므로 입하처라는 용어가 맞으며, 입고처라는 용어는 잘못된 용어이다.

03 입하업무의 개요

입하업무는 거래처로부터 운송된 제품에 대하여 물류센터에서 정확히 접수 완료되기까지 일련의 업무를 말한다. 입하검수는 공급처로부터의 제품이 정확히 납품되었는지를 확인하는 작업으로 물류센터의 첫 단추를 끼우는 작업이다.

첫 단계의 작업에서 정확한 입하검품이 이루어지지 않으면 물류센터의 프로세스 흐름 전체에 영향을 미치게 되어 전체적인 재고관리가 제대로 이루어지지 않게 된다. 그러므로 첫 단계에서부터 정확히 입하검품을 실시하여 다음 단계로 업무가 잘 진행되도록 하여야 할 것이다.

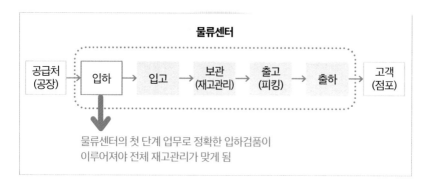

1) 입하업무의 흐름

입하업무는 다음과 같은 절차에 의해서 일반적으로 진행된다.

❶ 먼저 트럭이 물류센터에 도착하게 되면 입하사무실에 들러서 접수를 한다.

❷ 사무실에서는 기사가 갖고 온 납품명세서를 확인한 뒤 입하접수증을 발행하며 입하도크를 지정한다.

❸ 입하접수를 마치면 차량을 지정된 입하 도크에 접안을 하여, 제품을 하차하게 되며 내린 제품은 지정된 장소에 적재한다.

❹ 모든 제품의 하차작업을 마치게 되면 물류센터 입하검품 담당자와 기사가 입회하에 제품의 수량과 품질을 동시에 검품작업을 실시한다. 입하검품 작업은 거래처의 거래명세서 혹은 SCM라벨에 의해서 이루어진다.

❺ 입하검품과 동시에 입고라벨이 발행되는 경우에는 입고라벨을 박스에

붙여서 입고대기장으로 이동한다.

❻ 마지막으로 물류센터 입하담당자는 입하검품 후 배송기사에게 확인 사인을 실시한 후에 입하업무를 완료한다.

◀ 입하업무의 흐름 ▶

2) 입하검품의 흐름

일반적으로 제품의 입하가 완료된 시점에서 제품의 소유권이 입하처^{공급}에서 물류센터로 이전된다.

입하검품이 완료되면 제품의 소유권이 확정되는 중요한 시점이므로 정확히 실시해야 한다. 입하검품 시에는 담당자의 눈으로 검품하는 경우도 있지만 검품에러를 최소화하기 위하여 최근에는 입하예정정보를 사용하여 검품에 적용하는 사례가 늘어나고 있다.

···················

7) ASN(Advanced Shipping Notice, 사전출하정보): 물류센터에 입하되기 전, 공급처로부터 입하될 예정정보를 수신 받아서 입하검품에 활용하게 된다. ASN정보는 데이터를 만드는 공급처 측에서는 사전출하정보가 되는데, 제품이 입하되는 물류센터 측에서는 이 정보가 입하예정정보로 바뀌게된다.

04 입고업무의 개요

제품이 해당 로케이션에 보관된 후 입고확정을 하게 되면 재고가 플러스 (+)로 증가하게 된다.

입하작업이 완료된 제품은 입고대기장으로 이동한 후 제품별 로케이션으로 입고작업이 이루어지게 된다. 입고작업은 일반적으로 격납, 보관, 적재 등과 같은 용어로 표현된다. 제품이 해당 로케이션에 보관된 후 입고확정을 하게 되며, 이때 재고관리프로그램 상에 재고가 플러스(+)로 증가하게 된다.

그렇지만 입하작업이 완료되었는데도 입고가 최종적으로 확정되지 않으면 전산에는 재고가 없는 것으로 나타나게 된다. 이러한 점은 결국 출고작업 시에 결품으로 이어지게 되므로 신속 정확하게 입고작업을 실시하여야 한다.

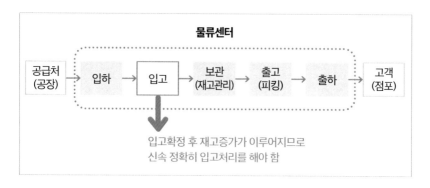

1) 입고업무의 흐름

입고업무는 다음과 같은 흐름에 따라서 업무가 진행된다.

❶ 입하작업이 완료된 제품은 일단 입고대기장으로 옮겨져서 입고작업을 기다리게 된다.

❷ 입고대기장에서 제품별 보관구역인 제품별 로케이션으로 이동된다. 보관구역은 제품을 적재하는 로케이션으로 제품의 외형적 특성에 따라서 랙 혹은 평치존에 보관된다.

❸ 입하검품과 동시에 입고라벨이 발행된 경우, 입고라벨에 표시된 로케이션 정보를 확인하여 지정된 로케이션으로 제품을 이동한다.

❹ 이동된 제품은 보관랙에 적재를 하게 되는데, 랙에 붙어 있는 로케이션 바코드와 제품바코드 정보를 RF핸디터미널로 양쪽 모두 읽으므로 입고확정작업을 실행한다.

❺ 입고확정 작업이 실행된 시점에서 정식적으로 물류센터의 전산재고에 등록되어 재고가 플러스(+)로 증가하게 된다. 즉 입고확정이 되면서 해당 제품의 입고작업이 완료된다.

◀ 입고업무의 흐름 ▶

05 입고업무의 유형

　입고방식에는 고정로케이션방식과 프리로케이션방식으로 구분되어서 관리된다. 일반적으로 고정로케이션 방식이며, 프리로케이션방식은 자동창고시스템, RF핸디터미널과 같은 시스템이 적용된 곳에서 사용하는 방식이다

　입고의 방식은 로케이션 관리방법에 따라서 입고의 유형이 두 가지로 나뉜다. 입고방식에는 고정로케이션방식과 프리로케이션방식으로 구분되어서 관리된다. 대다수의 회사에서는 고정로케이션 방식으로 제품을 보관하고 있으며, 프리로케이션방식으로 진행하고 있는 곳은 자동창고시스템을 채택한 곳, 혹은 RF핸디터미널로 입고 가능한 곳에서 적용되는 방식이다.

　한 물류센터에서 두 가지 방식을 병행하기란 쉽지 않으므로, 회사의 여건에 맞게 두 가지 중 한 가지 방식을 선택하게 된다. 아래에서 두 방식에 대하여 자세히 설명하도록 하겠다.

1) 고정로케이션Fixed Location 입고방식

고정식 로케이션 방식은 고정랙번호 방식이라고도 하며, 랙 번호마다 제품코드를 대응시켜서 보관하는 방식으로 제품별로 고유의 로케이션 번호를 갖게 된다.

일반적으로 수작업 입고방식에서 많이 사용되며, 제품에 대한 관리가 단순하고 한눈에 재고를 파악하기가 쉽다는 장점이 있다. 반면에 품목별 수량 편차가 많은 경우 공간효율이 낮다는 단점을 가지고 있다. 고정로케이션 방식의 입고는 다음과 같은 특징을 갖고 있다.

❶ 해당되는 제품과 보관랙의 로케이션이 1:1로 연결되어 있다.

❷ 출하량이 많은 제품과 적은 제품에 대하여 미리 예측하여 보관 공간의 크기를 차등되게 가져가야 한다.

❸ 지정된 공간 외에는 보관을 못 하므로 별도의 보충공간을 두어서 관리해야 한다.

❹ 지정된 공간에 제품의 보관량이 적어서 공간여유가 생겨도 다른 제품을 넣지 못하게 된다.

A급 제품	**B급 제품**	**C급 제품**

2) 프리로케이션Free Location **입고방식**

프리로케이션 방식은 제품별로 특정한 고유의 로케이션번호가 고정되어 있지 않고 그때마다 시스템에 의하여 로케이션번호가 자동으로 할당되는 방식이다.

제품 물동량에 따라서 로케이션의 크기를 정해놓을 필요 없이 동일한 로케이션에서 관리되는데, 물동량이 많은 제품은 여러 로케이션으로 제품이 입고된다.

한 제품이 여러 로케이션에 보관되면 재고관리가 어렵게 보일 수 있지만, 시스템에 의해서 모든 것이 이루어지므로 재고관리는 오히려 단순해지며 쉬워진다.

자동창고 시스템, RF핸디터미널 시스템이 필수적으로 갖추어진 곳이 아니고서는 프리로케이션 방식을 적용하기가 어렵다. RF핸디터미널 시스템에 의한 입고관리는 프리로케이션 입고방식과 고정로케이션 입고방식 양쪽 모두에서 적용 가능한 방식이다.

프리로케이션 방식의 최대 장점은 공간효율이 높다는 것이며, 다음과 같은 특징을 갖고 있다.

❶ 해당 제품과 1:1로 연결되지 않고 자유롭게 빈 공간의 로케이션에 입고하게 되므로 공간효율이 높다.

❷ 제품별 입고량에 관계없이 입고공간이 동일한 로케이션을 가지며, 물동량이 많은 제품은 여러 곳에 보관된다.

❸ 로케이션 정보를 사람이 모르므로 자동창고의 입고지시 혹은 RF핸디터미널의 바코드등록으로 입고처리를 한다.

❹ 제품명과 로케이션에 대한 전문지식이 없어도 시스템을 이해하면 누구나 쉽게 입고작업을 실시할 수 있다.

❺ 자동창고 시스템, RF핸디터미널 시스템이 대표적인 프리로케이션 방식의 입고작업을 진행한다.

❖ **존 프리로케이션**Zone Free Location **의 작업방식은 일종의 프리로케이션 방식에서 응용된 방식으로, 일정구역을 정해놓고 그 구역 안에서 프리로케이션 방식으로 입고작업을 실시하는 것이다.**

프리로케이션 방식은 아래 그림에서와 같이 사람의 눈과 기억에 의해서 입고작업을 실시하지 않고, 시스템에 의해서 자동으로 빈 공간의 로케이션을 찾아서 입고작업을 진행하게 된다. 재고관리 및 입출고관리가 시스템에 의해서 자동적으로 이루어지므로 투자비가 들어가게 되지만 전체적인 관리는 단순하고 쉽게 이루어지게 된다.

◀ 프리로케이션 방식의 사례 ▶

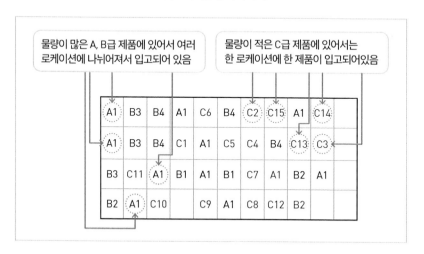

CHAPTER 05

출고 및
출하 프로세스

01 출고와 출하의 구분

출고업무는 재고의 감소를 일으키게 되며 고객 주문에 대한 피킹작업을 주로 실시한다. 출하업무는 제품이 센터에서 나가기 전 검품작업을 실시하게 된다.

출고와 출하를 정확히 구분하여야 하는 것은 입고와 입하를 정확히 구분하여야 한다는 것과 동일하게 중요하다. 용어의 정의가 명확하지 않고 혼용해서 사용함으로써 작업자 간 혹은 거래처 간의 의사소통을 원활하게 하지 못하는 결과를 초래하게 된다.

의사소통이 명확하지 않으므로 업무의 문제가 발생하게 되며, 그로 인하여 물류센터의 작업의 정확성과 작업시간의 지연 등으로 이어지게 된다.

출고와 출하의 구분을 명확히 해야 한다는 것은 출고지시서와 출하지시서, 출고대기장과 출하대기장 등의 용어에 있어서도 정확한 구분이 이루어져야 한다는 것이다.

출고와 출하 또한 입고와 입하와 동일한 방법으로 그 개념을 확실히 정립하여야 할 것이다.

1) 출고업무의 정의

고객으로부터의 주문정보를 기준으로 하여 보관랙에서 해당 제품을 피킹하는 작업을 출고라고 한다. 즉 해당 로케이션으로부터 제품을 피킹할 때, 출고확정이 이루어지게 된다. 출고확정이 완료된 시점에서 물류센터의 재고가 마이너스(-)로 감소하게 된다. 출고작업의 방식은 일반적으로 피킹방식과 분배방식으로 구분되어 진행된다.

출고出庫의 한자는 재고在庫라는 개념과 동일한 뜻의 한자인 고庫를 포함하고 있으며, 출고는 재고에서 제품이 빠져나간다는 의미를 갖고 있는 것이다.

2) 출하업무의 정의

피킹 작업이 완료된 제품에 대하여 거래처별 분류작업, 출하검품작업, 차량적재작업에 이르는 업무를 출하작업이라고 한다. 출하검품이 완료된 시점에서 제품의 소유권이 물류센터에서 고객인 점포 측으로 이전된다.

출하出荷의 의미는 한자에서 보듯이 화물이 창고 바깥으로 나간다는 의미를 갖고 있으며, 바깥으로 나가기 위한 일련의 업무진행을 말하는 것이다.

◀ 출고와 출하의 업무영역별 구분 ▶

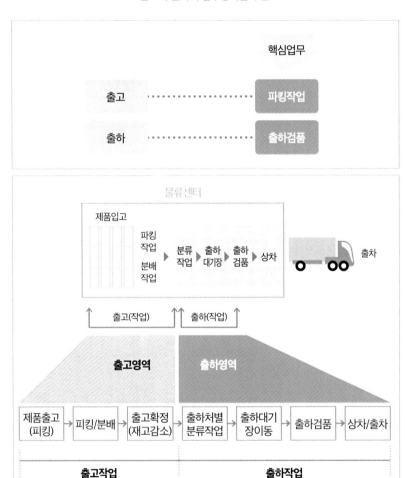

02 출고와 출하의 용어 구분

출고와 출하에 있어서 사용되는 각종 용어를 비교하여 정확히 인식하도록 해야 한다. 출고와 출하의 정확한 의미만 잘 인식한다면 아래의 명칭 외에도 출고를 사용할 경우와 출하를 사용할 경우를 구분하는 데에는 큰 어려움이 없을 것이다.

1) 출고검품과 출하검품

제품이 출하될 때에 일반적으로 검품을 실시하므로 출하검품이 맞으며, 출고검품이라는 용어는 맞지 않게 된다.

2) 출고대기장출고장과 출하대기장출하장

차량에 상차하기 전 제품을 임시로 놓는 곳의 의미이므로 출하대기장이 맞으며, 출하장이라고도 한다. 출고대기장출고장은 맞지 않는 용어이다.

3) 출고지시서와 출하지시서

고객주문에 대하여 제품별 로케이션에서 피킹을 할 때 사용하는 리스트로 출고지시서가 맞다.

출고지시서는 다르게 표현하면 피킹리스트 혹은 출고리스트라고도 한다.

피킹에 의미를 그다지 두지 않고 창고 안에 있는 제품을 상차하는 업무에 중심을 두게 될 경우에는 출하지시서라는 용어를 사용해도 무관하겠다.

4) 출고라벨과 출하라벨

출고지시서^{피킹리스트}에 따라서 피킹과 동시에 붙이는 라벨을 말하는 경우에는 출고라벨이 맞다.

만약에 피킹완료 후 차량에 상차하기 위하여 사용되는 라벨인 경우에는 출하라벨이라는 용어를 사용할 수 있다.

5) 출고처와 출하처

제품이 출하되어서 배송되는 점포를 의미하는 용어이므로 출하처가 맞다. 출고처는 맞지 않는 용어이다.

03 출고업무의 개요

고객으로부터의 주문서를 기준으로 보관로케이션에서 제품을 선정하여 피킹박스에 제품을 담는 작업을 출고작업이라고 하며, 또한 피킹작업이라고도 한다.

피킹작업은 물류센터의 작업 중에서도 가장 많은 시간이 소요되는 업무로서 물류센터 내의 전체 작업시간 중에서 피킹작업에 소요되는 시간이 50% 이상을 차지하게 된다. 피킹작업은 가능한 한 오류가 있어서는 안 되는 중요한 작업이다. 출하처에 배송된 제품에서 피킹오류가 발생하면 출하처로부터 클레임이 일어나게 되어 복잡한 상황으로 이어지게 된다.

그리고 정해진 시간 내에 피킹작업을 마쳐야 한다. 만약 피킹작업이 늦어지게 되면 납품지연으로 이어져 클레임을 가져오게 된다. 그러므로 피킹작업은 고객의 주문과 직결된 업무로서 물류센터의 업무 중에서도 가장 중요한 업무에 속한다고 하겠다.

피킹을 위하여 사용되는 물류기기의 선정은 제품의 출하특성에 따라서 여러 가지가 있을 수 있다. 오토피커, 피킹소터기와 같은 고가의 피킹시스템도 있지만, 일반적으로 널리 알려진 피킹시스템으로는 디지털피킹시스템 혹은 무선핸디터미널 등을 통한 피킹방식이 있다.

출고작업의 흐름은 아래와 같으며 제품의 출고를 위한 작업방식은 피킹방식과 분배방식이 있다.

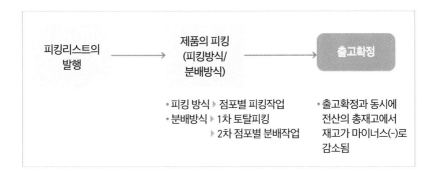

◀ 피킹작업의 개요 설명 ▶

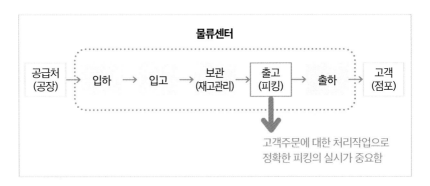

◀ 물류프로세스상의 출고업무 ▶

04 출고업무의 작업방식

출고업무란 일반적으로 출하처로부터의 주문에 대하여 처리하는 업무로서 출고작업의 방식에는 크게 피킹방식과 분배방식으로 나누어진다.

피킹방식에서 응용된 시스템으로는 아래와 같은 디지털피킹시스템DPS, 피킹카트, 자동창고, 오토피커, 회전랙 등이 있다. 분배방식에서 응용된 시스템으로는 디지털어소팅시스템DAS과 오토소터기와 같은 물류시스템이 있다. 이러한 출고를 위하여 적용된 시스템을 총칭하여 일반적으로 오더피킹시스템이라고 말한다.

1) 피킹방식

피킹방식은 고객별 점포별로 제품을 피킹하여 피킹박스에 집어넣는 방식이다. 일반적으로 상온제품의 피킹작업에 널리 사용되는 방식이다. 점포별로 작업이 완료되므로 먼저 끝난 점포에 대해서는 차량별 출하가 가능한 작업방식이다.

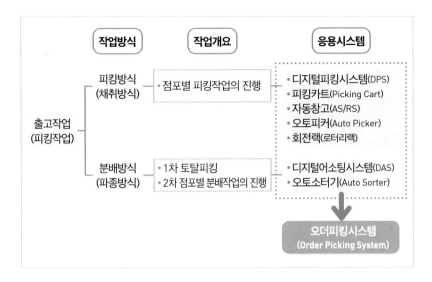

피킹작업은 리스트에 의한 방식이 가장 많이 사용되고 있다. 최근 피킹의 정확도를 보다 높이고 빠른 업무를 처리하기 위하여 디지털피킹시스템 DPS , 오토피커, 자동창고 등과 같은 자동화시스템을 도입하기도 한다.

피킹 중에 작업자의 실수로 발생한 오피킹을 확인하기 위해서는 피킹이 끝난 후 별도의 검수작업을 실시해야 한다. 이때의 검수작업은 RF핸디터미널에 의한 방식과 수작업 리스트에 의한 방식이 있다.

◀ 제품 피킹하는 모습 설명 ▶

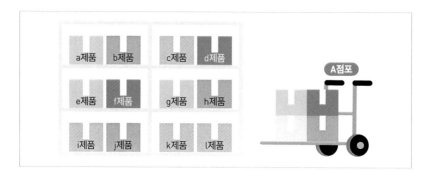

◀ 편의점물류센터 피킹하는 모습 ▶

2) 분배방식

분배방식은 제품별로 1차 **토탈피킹**총량피킹을 실시한 후, 2차 각 고객별점포별로 제품을 분배하는 작업을 말한다. 분배방식은 어소팅방식이라고도 한다. 분배방식은 일반적으로 시즌아웃의 개념을 갖고 있는 의류업체에서 많이 적용되고 있으며, 그 외 생산하여 당일 배송하게 되는 냉장제품_{일배제품,} 유제품, 신선식품 등에서도 분배방식이 적용되고 있다.

분배방식은 리스트에 의한 방식 외에도 디지털어소팅시스템DAS , 오토 소터기 등과 같은 자동화시스템에 의해서 작업이 진행되기도 한다. 1차 토탈피킹 후 2차 점포별 분배작업을 거치면서 제품의 검수가 프로세스상에서 이루어지므로 별도의 검수시스템을 도입하지 않아도 정확도가 높은 작업방식이다.

◀ 점포별로 제품 분배하는 모습 ▶

◀ 식품회사 점포별 분배하는 모습 ▶

05 출하업무의 개요

출하업무는 물류센터의 마지막 단계의 업무로 고객인 점포와의 접점에 놓여 있게 된다. 그러므로 출하검품을 확실히 하여 고객으로부터의 클레임이 없도록 해야 한다.

출하업무는 입하에서 시작하여 입고, 보관, 출고^{피킹}에 이어서 물류센터 마지막 단계의 업무이다. 출하처별 분류가 완료된 제품들은 출하대기장으로 반송되어 상차대기를 하게 된다. 배송차량이 물류센터에 도착하면 오류 없이 정확히 상차작업을 마치게 되면 거래명세서를 운송기사에게 전달하면서 출하작업을 완료하게 된다.

출하작업은 단순하게 보일는지 몰라도 아주 중요한 업무이다. 아무리 피킹과 분류가 잘되었다고 하더라도 차량에 제품을 잘못 상차하게 되면 오배송이 일어나게 된다. 이때 발생한 오배송은 팔레트 단위 혹은 롤테이너 단위의 대형 오류를 범하게 될 수 있으므로 출하 시 오류는 결코 있어서는 안 되는 중요한 업무가 된다.

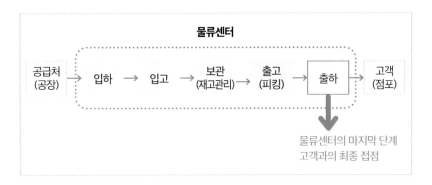

1) 출하업무의 흐름

❶ 점포별로 피킹작업이 완료된 제품은 대차, 지게차 혹은 자동분류시스템을 이용하여 분류작업을 실시한다.

❷ 분류된 제품들은 롤테이너 혹은 팔레트 단위로 제품을 적재한다.

❸ 적재된 제품에 대하여 최종 상차하기 전 출하검품 작업을 실시한다.

❹ 출하검품이 완료된 롤테이너는 상차오류가 발생하지 않도록 하기 위하여 점포명 혹은 점포번호이 붙은 출하대기장으로 롤테이너를 이동한다.

❺ 차량이 물류센터에 도착하면 롤테이너의 제품을 배송순서에 맞게 상차를 한다. 이때 롤테이너에 붙인 점포 바코드라벨과 동일한 정보의 바코드라벨을 트럭별로도 붙이게 한다. 롤테이너의 바코드라벨과 차량의 바코드라벨을 스캐너로 입력하여 정확한 상차가 이루어지도록 한다혹은 수작업 확인.

❻ 최종적으로 차량기사에게 거래명세서를 전달하게 되면 출하업무를 마치

게 된다.

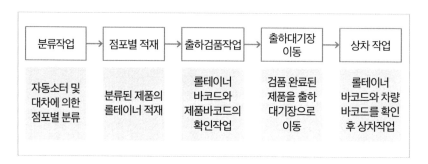

2) 출하검품 작업

롤테이너에 의한 바코드 검품인 경우 롤테이너에 출하처 정보가 입력된 바코드라벨을 사전에 붙여둔다. 그리고 제품박스를 롤테이너에 적재한 후에 상품 바코드정보와 롤테이너 바코드정보를 PDA로 스캐닝하는 것으로 상품의 적재가 정확히 되었는지를 검품하게 된다. 이러한 것이 출하검품 작업이 된다.

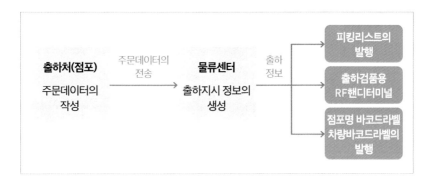

◀ 출하지시정보의 흐름도 ▶

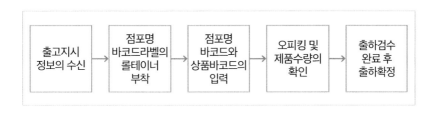

◀ 출하검품 작업의 흐름도 ▶

• • •

CHAPTER 06

보관프로세스

01 보관의 기본

보관업무는 입고확정과 동시에 이루어지게 된다. 앞에서 설명한 입고방법에는 고정식로케이션 입고방식과 프리로케이션 입고방식이 있다고 설명하였다. 이것은 입고방식임과 동시에 보관의 방식으로 이어지게 된다.

1) 고정로케이션Fixed Location 보관방식

고정로케이션에 의한 보관방식은 보관하게 될 로케이션이 고정되어 있다는 것으로, 정해진 로케이션에만 제품을 보관하게 된다. 이때 문제가 되는 것은 보관될 제품의 수량이 예상보다 많거나 적거나 하는 경우가 발생하게 된다. 이때 예상수량보다 많은 제품에 대하여서는 보충랙을 따로 마련하여 보관하게 된다.

2) 프리로케이션Free Location 보관방식

프리로케이션에 의한 보관방식은 보관하게 될 로케이션이 고정되어 있지 않고 자유롭다는 것이다. 프리로케이션이 운영되는 방식에는 다음과 같이 구분된다.

❶ 제품을 보관하기 전 시스템에서 자동으로 보관 로케이션이 설정되는 방식

❷ 작업자가 제품을 빈 로케이션에 자유롭게 적재한 후 해당 로케이션을 무선핸디터미널로 등록하는 방식

프리로케이션 방식의 보관은 최소한 무선핸디터미널에 의해 자동로케이션이 설정되거나, 혹은 자동창고와 같이 전산에서 일정한 규칙에 의해서 빈 공간을 찾아서 자동 적재하게 된다.

◀ 보관 방식 구분 ▶

02 로케이션번호의 설정

제품이 보관될 때에는 제품코드와 연결된 로케이션번호에 의해서 제품이 보관된다. 물류센터에서 일반적으로 WMS 재고관리시스템이 없을 경우에는 제품명과 제품코드가 기준이 되어서 제품이 관리된다.

WMS재고관리시스템을 도입하게 되면 가장 기본적으로 변화되는 것은 제품코드와 연결된 로케이션번호가 기준이 되어서 재고가 관리되게 된다. 로케이션번호를 어떻게 잘 붙여서 사용하느냐에 따라서 재고관리의 수준이 좌우되므로 로케이션번호를 설정하는 방법에 있어서 다음과 같은 내용을 인식했으면 한다.

로케이션번호의 설정은 큰 영역에서 작은 영역으로 좁혀나가는 방법으로 진행되며 아래와 같은 개념으로 번호가 설정된다.

❶ 센터구분 코드

복수의 센터를 운영할 경우 가장 큰 영역으로 센터코드를 설정하게 된다. 단 센터수가 복수가 아닐 경우에는 생략해도 무방하다.

❷ 작업존구분 코드

물류센터 내에서 가장 큰 영역으로 작업존을 구분하게 된다. 화주사별 혹은 브랜드별, 상품군별 등에 따라서 작업존을 구분한다. 작업존이 복수가 아닌 경우에는 생략해도 무방하다.

❸ 작업라인구분 코드

작업존이 설정되면 보관랙에 따라서 작업 통로별로 구분을 하게 된다. 작업통로를 작업라인이라는 단어로 표현하기도 한다.

❹ 랙번호구분 코드

통로가 구분되면 랙번호를 설정한다.

❺ 셀구분 코드

랙번호가 설정되면 단과 열을 구분하여 최종 로케이션인 셀을 구분하게 된다.

❖ 예: 로케이션번호 '12-A1-07-33'

- 12: 1은 센터번호, 2는 브랜드번호 1번 센터, 2번 브랜드

- A1: 통로번호 A1 라인

- 07: 랙번호 07번 랙

- 33: 셀 번호 3단 3열의 로케이션

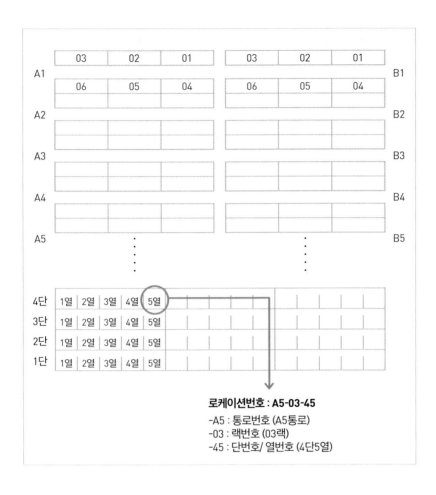

로케이션번호 : A5-03-45

-A5 : 통로번호 (A5통로)
-03 : 랙번호 (03랙)
-45 : 단번호/ 열번호 (4단5열)

03 보관의 기본원칙

보관은 제품을 물리적으로 보전 및 관리하는 기술로서, 아래의 원칙들 사이에는 서로 상호 연관성이 있으므로 보관을 할 경우에는 제품의 특성이나 창고 내 상황에 따라 적절히 배합하여 적용하여야 한다.

1) 통로대면의 원칙

제품의 피킹을 용이하게 하고 효율적으로 보관하기 위하여 통로 면에 보관하는 것이 물류센터 레이아웃의 기본원칙이 된다.

2) 높이 쌓기의 원칙

제품을 고층으로 다단 적재하기 위하여 지게차와 팔레트 등을 이용하게 되며, 이는 공간효율·용적률을 향상시킨다.

3) 선입선출의 원칙 FIFO: First In First Out

먼저 보관한 물품을 먼저 끄집어내는 원칙으로 제품의 라이프사이클이 짧은 경우에 많이 적용된다. 특히 유통기한을 중요시하는 식품류에 있어서는 선입선출이 필수적이며, 그 외 대부분의 제품에 있어서도 선입선출을 원칙으로 보관하여야 한다.

선입선출에 가장 효율적인 랙은 슬라이딩랙으로 뒤에서 제품을 보충하고 앞에서 피킹을 한다.

4) 회전대응의 원칙

제품의 회전율, 즉 입출하 빈도에 따라서 보관장소를 결정하는 것을 말하며, 입출하 빈도가 높은 제품을 출입구에 가까운 장소에 보관하게 된다. 이는 제품의 출하량 관련 ABC분석에 따른 제품의 차등 관리를 말하는 것이다.

5) 동일성 및 유사성의 원칙

동일 품종은 동일 장소에 보관하고, 유사품은 근처 가까운 곳에 보관한다는 원칙으로 입고 및 재고관리를 편리하게 한다.

6) 중량특성의 원칙

제품의 중량에 따라서 보관 장소를 결정해야 한다는 원칙으로 중량물은 보관랙의 하단에 경량물은 랙의 상단에 보관하게 된다.

7) 형상특성의 원칙

제품 형상의 특성에 따라서 보관방법을 결정한다는 원칙으로 보관랙 및 보관박스의 선정을 제품특성에 맞게 선정하는 것을 말한다.

8) 위치표시의 원칙

제품의 보관 장소와 랙의 번호 등을 표시함으로써 업무의 효율을 증대 시킨다는 원칙으로 로케이션코드에 대한 지식과 방법론을 잘 인식하여야 한다.

9) 명료성의 원칙

시각적으로 제품을 식별하기 용이하도록 보관한다는 원칙으로 눈으로 보이는 물류를 추구하여야 한다.

10) 네트워크 보관의 원칙

관련성이 있는 품목을 한 장소에 보관하여 피킹 작업이 용이 하도록 한다는 원칙을 말하는 것으로 피킹효율을 극대화시키기 위한 방안이다.

04 피킹랙의 로케이션관리

피킹작업의 실시에 있어서 작업효율화를 위해 가장 중요한 점은 작업 '구간별 균등한 작업량의 확보'라고 할 수 있다.

다품종 소량화된 주문형태를 효과적으로 수행하기 위해서 자동화된 피킹시스템을 도입하게 된다. 그런데 자동화된 피킹시스템만 도입하면 모든 것이 잘 돌아갈 것으로 생각하는 경우가 많다. 그러나 실제로 자동화시스템 못지않게 중요한 것이 제품의 로케이션관리이다.

로케이션관리의 방법에 대한 기본이 되는 원칙들은 아래와 같다. 그리고 고객의 주문 피킹은 피킹박스에 다양한 제품들이 혼재되어서 담기게 된다. 그러므로 제품의 특성이나 순서를 벗어나 피킹작업을 하게 되면 물류서비스의 저하로 이어지게 된다.

로케이션관리의 기본원칙은 다음과 같다.

1) 구역별 작업의 균등화

작업라인의 원활한 움직임을 위한 구역별 작업의 균등화, 구역별 작업이 불균등하게 되면 어느 곳은 일이 많아지며 어느 곳은 일이 적어지게 되어 결국 작업 Loss가 발생하게 된다.

2) A급 제품의 골든존 설정

출하량이 많은 A급 제품을 피킹하기 편한 2단 3단의 위치의 골든존에 배치한다. 상대적으로 가장 하단과 상단은 출하량이 적은 제품들을 배치한다.

3) 무거운 제품은 하단배치

무거운 제품을 아랫단에 배치하여 피킹 및 보충에 있어서 편리하도록 한다.

4) 무거운 제품에서 가벼운 제품 순으로 피킹

가벼운 제품이 먼저 피킹 되고 무거운 제품이 그 위에 놓이게 되면 제품의 파손이 우려된다.

5) 큰 제품에서 작은 제품 순으로 피킹

작은 제품을 먼저 피킹하여 담게 되면 박스 적재율에 있어서 효율이 떨어지게 되며, 파손의 문제도 우려된다.

6) 불규칙한 제품의 박스 규격화

제품의 형태가 불규칙적인 것은 규격 박스에 담아서 랙에 보충한다. 특히 벌크 제품의 경우 사전 보관 표준화를 실시하여서 피킹하기 편하도록 하여야 한다.

7) 제품의 특성을 고려한 보관설비의 선정

제품의 특성, 수량, 출고추이 등을 고려하여 보관설비를 선정하여야 보관, 피킹, 보충에 있어서 효율적인 업무가 될 수 있다.

일반적으로 제품의 보관랙 선정에 있어서 그 순서는 다음과 같다.

❶ 대량보관은 평치랙, 드라이브인랙, 파렛트랙
❷ 중간량 보관은 파렛트랙, 슬라이딩랙
❸ 소량보관은 슬라이딩랙, 선반랙으로 진행하는 경향이 있다.

8) 로케이션번호를 인식하기 편하게 표시함

제품의 보충과 피킹에 있어서 기준이 되는 것이 로케이션 코드이므로 크게 써서 인식하기 편하도록 하여야 한다.

9) 아이템별 작업량 분석을 통한 로케이션의 변경

아이템별 작업량이 고정되어 있지 않고 변동이 발생하므로 작업생산성을 높이기 위하여 로케이션의 변경을 실시한다. 너무 자주 할 수 없으므로 한 달에 한 번 정도 실시하는 것이 적당할 것이다.

10) 구역별 작업자의 순환배치

동일한 작업을 계속해서 반복하면 작업자의 피로도가 높아지므로 주기적으로 업무를 순환배치하여 작업자의 피로도를 적게 한다. 업무의 시스템화가 잘되어 있어야 순환배치를 해도 작업생산성이 떨어지지 않는다.

11) 유사상품의 주의 표시

유사상품은 주의 표시를 붙여서 보충 시 오류가 발생하지 않도록 한다.

12) 동일 제품군은 가까운 위치에 보관

동일 제품군은 가까이 있어야 재고관리 및 재고보충 시에 유리하다.

13) 출하량이 아주 많은 제품의 아이템분할 실시

출하량이 제품의 평균 출하량에 비하여 5배 이상 되면 아이템분할을 실시할 수 있는데, 전산에서의 지원이 이루어져야 실현 가능한 방법이다.

05 재고관리의 개요

재고관리는 창고내의 로케이션에 보관되어 있는 재고를 입출고가 정확하고 빠르게 이루어지도록 효율적으로 관리하는 것을 말한다.

재고관리가 원활히 이루어지도록 하기 위해서는 재고이동, 재고보충, 재고조사, 재고보류 등의 업무가 지속적으로 이루어져야 한다. 이러한 재고관리의 업무는 WMS와 같은 물류시스템이 있어서 무선핸디터미널과 같은 장비를 사용할 때 보다 더 효과적으로 진행되게 된다.

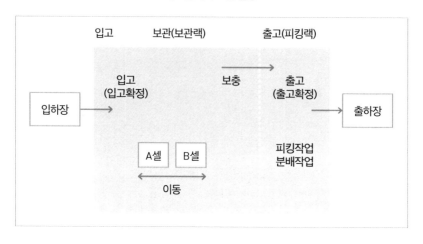

1) 재고이동

물류센터에서 입출고 작업이 빈번하게 일어나다 보면 재고의 분포가 어지럽고 분산되는 경우가 많다. 재고가 분산되면 동일 제품이 여러 로케이션에 분산 보관되어 재고보관 효율이 떨어질 뿐 아니라 입출고 작업의 효율성에 있어서도 생산성이 감소하게 된다.

그러므로 작업자가 입출고 시에 이동하여야 할 작업동선이 길어지게 되는 결과를 가져온다.

이러한 경우에 재고를 보다 효과적으로 보관하고 입출고가 원활하게 이루어지도록 하기 위하여 로케이션 간에 재고이동을 실시한다. 재고이동을 실시할 때에는 아래의 사항에 따라서 효과적으로 재고이동을 실시하여야 할 것이다. 시스템상에서 재고이동은 다음과 같은 순서에 따라서 진행된다.

❶ 재고등록 → ❷ 재고이동 → ❸ 재고확정

재고이동은 전체적인 재고량에는 변동이 없고 물류센터 내부의 로케이션 주소 간에 재고가 이동되는 것을 말한다. WMS물류관리시스템에서는 재고에 대한 모든 변경이력을 관리하게 되며, 언제 어떤 작업자가 특정 제품을 어떤 로케이션으로 이동하였는지에 대한 이력이나 사유를 관리하고 있다.

◀ 재고이동의 설명 ▶

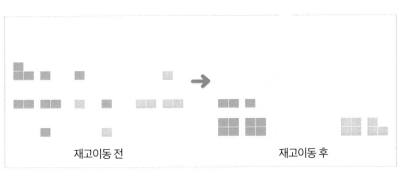

재고이동 전   재고이동 후

2) 재고조사

재고조사를 실시하는 목적은 정확한 재고의 파악, 분실 또는 훼손의 방지 등에 있다. 무엇보다 정확한 재고의 파악은 실물재고와 전산재고를 일치시키는 작업이라고 해도 무방할 것이다.

전산재고와 실물재고가 100% 정확히 일치하는 경우도 있지만, 대부분의 물류센터는 정도의 차이는 있지만 실물재고와 전산재고가 맞지 않는 경우가 많다.

전산재고와 실물재고의 관계에 있어서 다음의 3가지 유형에 따라서 가가의 결과를 초래하게 된다.

❶ 전산재고 = 실물재고

회사가 원하는 가장 이상적인 경우

❷ 전산재고 > 실물재고

전산재고가 실물재고보다 많이 잡히면 고객 주문에 대한 제품이 없으므로 고객 신뢰도의 하락으로 이어짐

❸ 전산재고 < 실물재고

전산재고가 실물재고보다 적게 잡히면 제품이 있는데도 팔지 못하는 경우가 발생하므로 기업매출의 감소를 초래함

이처럼 전산재고와 실물재고가 일치되느냐 그렇지 못하냐는 회사 전체적인 차원에서 큰 이익을 가져올 수도 있는 반면에 반대로 엄청난 손해를 가져올 수도 있다. 그러므로 물류센터 재고관리시스템의 도입을 통하여 이러한 전산재고와 실물재고를 일치시키기 위한 노력을 끊임없이 진행하여야 할 것이다.

3) 재고보류

재고의 품질에 이상이 있거나 앞으로 있을 것으로 예상되는 재고가 발견되는 경우가 있다. 이러한 재고가 배송이 되면 클레임이나 다른 큰 문제가 발생될 수 있다. 이러한 경우를 대비하여 재고보류를 실시하게 된다.

재고보류는 특정 품목, 로케이션, 제품롯트에 재고이동 및 재고조회가 되지 않도록 시스템적으로 통제하는 기능을 말한다.

4) 재고조정

물류센터에서 재고에 대한 입출고 작업을 실시하면서 재고차이가 발생할 수 있게 된다. 물류운영 시 혹은 재고실사 시 발생되는 재고차이는 재고조정 작업을 통해 재고차이 분에 대해 반영하여 재고를 일치시킨다. 재고조정은 통상 로케이션 주소단위 별로 재고조정이 이루어지며 다음과 같은 방법으로 진행된다.

❶ 차이수량은 입출고가 불가능한 임의 로케이션에 차이량을 일시적으로 보관해서 관리한다. 이유는 재고조정 시점에 차이의 원인 및 문제점을 파악하는 데 시일이 소요된다는 점과 실재고를 신속히 먼저 변경하여야 한다는 것 때문이다.

❷ 재고차이의 원인을 파악하여 실재고의 이상이 확인되면 임의 로케이션에서 정상 로케이션으로 재고이동을 실시한다.

• • •

SCM을 통한
물류의 개선

01 SCM의 정의

SCM Supply Chain Management 은 공급망 관리, 공급사슬경영이란 뜻으로 공급자로부터 생산자, 도매업체, 유통업체, 그리고 최종 소비자에 이르는 전 과정에 있어서 물자, 자금, 정보의 흐름을 전체적 관점에서 통합하고 최적화하는 경영기법이다.

즉 SCM은 Supply Chain에 등장하는 기업 간에 있어서 상품의 판매관련 정보를 공유함으로써 Supply Chain 전체의 이익을 꾀하는 경영기법인 것이다. 그리고 Supply Chain 전체에서 효율화를 추구하는 것을 '전체 최적화'라고 한다. 이것과 반대로 유통의 각 단계에서 기업이 자사에 직접 관계하는 범위 내에서 효율화를 추구하는 것을 '부분 최적화'라고 한다.

부분 최적화는 일시적으로 자사에 효율을 가져다주게 되지만 Supply Chain 상에서 타사에는 문제를 일으킬 수도 있으며, 이 문제점은 Supply Chain 상에서 돌고 돌아서 결국 자사에 불이익을 가져다주게 된다는 것이다. 그러므로 Supply Chain 전체에 이익을 줄 수 있도록 통합적인 관점에서 물자와 자금, 정보의 흐름을 관리해야 한다는 것이다.

◀ SCM의 전체적인 흐름 ▶

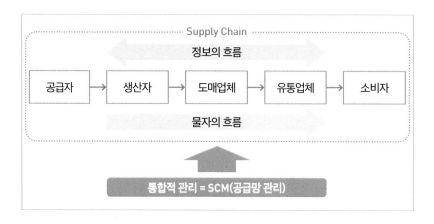

02 SCM의 의미

SCM은 Supply Chain Management의 약자로 용어에서 보듯이 공정과 공정 간이 체인Chain 으로 연결되어 있는데, 이 연결고리에 존재하는 모순점을 고쳐나가는 일련의 과정을 SCM을 하게 되는 의미라고 할 수 있다.

물류란 "물류흐름의 많은 공정프로세스 간에 있어서 비합리적인 문제점들을 합리적으로 만들어나가는 일련의 과정"이라고 말할 수 있다. SCM의 정의를 "공정 간에 존재하는 모순점을 합리화시켜 가는 과정"이라고 정의할 수 있는 것은 물류의 목적이 무엇인지를 이해할 때 그 이유를 알게 될 것이다. 물류의 목적이 물류서비스의 향상과 물류비용의 절감이라는 점에서 물류는 부분 최적화보다는 전체 최적화의 관점에서 접근이 이루어져야 할 것이다.

그러기 위해서는 물류 전체의 흐름을 이해하고 관리할 수 있어야 한다. 즉 공정과 공정별로 연결된 접점 고리에서 발생하는 문제점들을 해결하여 전체가 잘 순환되는 물류체제를 만들어야 한다. 이러한 전체 최적화가 이루어질 때 물류의 목적인 물류서비스의 향상과 물류비용의 절감이 달성되게 되는 것이다.

그러한 점에서 물류란 무엇인가 하는 질문에 있어서 물류란 "물류흐름에서 존재하는 각 공정 간에 있어서 존재하는 비합리적인 문제점들을 합리적으로 만들어나가는 일련의 과정"이라고 정의할 수 있을 것이다. 이러한 점은 결국 물류의 목적에 비추었을 때 가장 근접한 정의라 할 수 있겠다.

물류와 SCM은 추구하는 목적에서 동일하므로 '물류=SCM'이라고도 할 수 있다.

다음의 그림과 같이 물류에 존재하는 모순을 제거함으로써 물류의 목적을 추구하게 되는 SCM의 개념을 이해할 수 있을 것이다.

◀ SCM의 의미와 물류의 목적 ▶

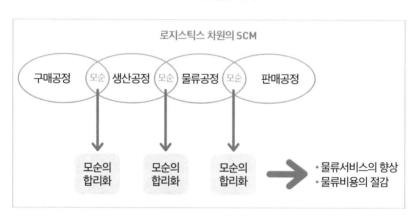

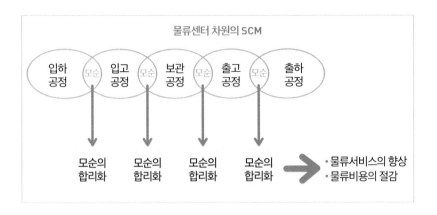

03 쉽게 본 SCM의 의미

SCM이라는 용어가 어려운 전문용어로 보일 수 있겠지만, 물류를 하는 사람이라면 이 SCM에 대한 단어를 꼭 이해하고 있어야 할 것이다.

그러한 점에서 SCM을 알기 쉽도록 해석해보면서, 그 의미를 살펴보았으면 한다. SCM은 Supply Chain Management의 약자로 구매, 생산, 물류, 판매 등의 물류흐름에 있어서 연계된 각 업체, 부서, 공정 등의 관계를 연구하여 효율화시키는 물류경영이론이라고 할 수 있다. 이렇게 말하면 대부분의 사람들은 SCM을 어려운 학문분야로 인식하게 될 것이다. 다음의 의미를 통하여 SCM을 좀 더 쉽게 이해할 수 있는 계기가 되었으면 한다.

1) SCM은 모두가 웃을 수 있는 협업관계를 만드는 운동

SCM을 본래의 뜻은 아니지만 쉽게 설명하자면 'Smile Creating Movement'라는 용어로 설명을 할 수 있다. 즉 '웃음을 창조하는 운동'이라고 SCM을 해석할 수가 있게 된다.

그러므로 SCM이라는 용어를 쉽게 설명하자면 '공정 간에 있어서 내가

넘긴 일로 인하여 상대방이 웃으면서 일할 수 있는 분위기를 만드는 것'이라고 정의할 수가 있게 된다. 어쩌면 이렇게 설명하는 것이 어려운 학문적인 용어의 설명보다 훨씬 이해가 쉽고 명확할 수 있을 것이다.

2) SCM은 상대를 배려하는 마음에서 출발

또한 SCM은 내가 한 일을 다음 단계로 일을 넘겨줄 때에 상대를 배려하는 마음으로 일을 하게 된다면 웃으면서 일할 수 있는 환경이 만들어지게 될 것이다. 이는 생산성 높은 물류환경을 만드는 계기가 될 것이다. 상대를 배려하는 마음을 다르게 표현한다면 사랑이 충만한 마음이라고도 할 수 있겠다. 여기 사랑S 이 충만C 한 마음M 에서도 SCM이라는 단어를 찾을 수 있게 된다.

즉 SCM이란 용어는 회사 간, 부서 간, 공정 간 발행하는 일에 있어서 상대를 배려해주므로 최종적으로 함께 Win-Win할 수 있는 물류환경을 만들어가는 운동이라고 말할 수 있겠다. 나와 상대방 사이에서 발생하는 문제점을 발견하고 해결하려고 노력하는 것이 SCM의 근본적인 개념이 되지 않을까 한다.

◀ 쉽게 이해하는 SCM의 의미 ▶

04 SCM의 실천방안

SCM의 성공적인 실천을 위해서는 우선적으로 Supply Chain 상의 각 기업 간 정보교환을 실시하여야 한다. 그러한 바탕 위에 재고관리 및 물류정보시스템의 연계가 이루어져야 한다.

일반적으로 생산자는 자사의 상품이 소비자에게 얼마만큼 판매되었는지에 대한 정보는 잘 모른다. 만약에 생산자가 상품에 대한 판매동향 정보를 알게 된다면 생산단계에서부터 판매 결품과 과잉재고와 같은 것을 상당 부분 막을 수 있게 된다. 생산자, 도매업자, 유통업자 서로 간에 정보가 공유되지 않으므로 인해 유통단계 어느 지점에서는 재고가 필요 이상으로 존재하게 되며, 어느 지점에서는 재고가 전혀 없어서 결품 상태가 된다.

SCM 실천으로 생산자, 도매업자, 유통업자가 마치 한 회사처럼 되며 Supply Chain 상에 있어서는 ① 재고절감, ② 결품감소, ③ 리드타임 단축 등과 같은 효과를 가져오게 된다.

성공적인 SCM의 실천방안

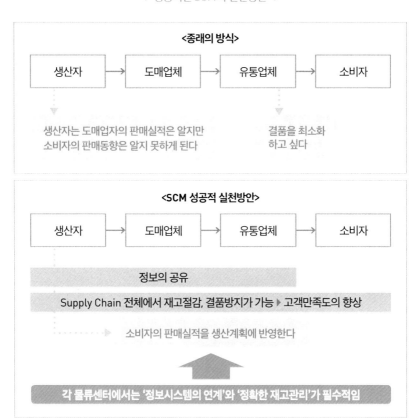

<종래의 방식>

생산자 → 도매업체 → 유통업체 → 소비자

생산자는 도매업자의 판매실적은 알지만
소비자의 판매동향은 알지 못하게 된다

결품을 최소화
하고 싶다

<SCM 성공적 실천방안>

생산자 → 도매업체 → 유통업체 → 소비자

정보의 공유

Supply Chain 전체에서 재고절감, 결품방지가 가능 ▶ 고객만족도의 향상

소비자의 판매실적을 생산계획에 반영한다

각 물류센터에서는 '정보시스템의 연계'와 '정확한 재고관리'가 필수적임

05 SCM의 기능

SCM의 실행으로 창고관리시스템WMS, 수배송관리시스템TMS, 주문관리시스템OMS, 입출하정보알림시스템ASN 등과 같은 시스템을 도입하게 된다.

SCM은 크게 1) 전략관점, 2) 계획관점, 3) 실행관점으로 구분하여 설명할 수 있다

1) SCM의 전략 Strategy

SCM의 전략은 공급망 전체의 최적화 관점에서 공급망의 설계 및 개선전략을 수립하거나 현재 공급망을 분석하여 최적운영을 위한 조달, 분배, 수배송정책 및 운영기준을 수립하는 것을 말한다.

2) SCM의 계획 Planning

SCP Supply Chain Planning 라고 하는데 이는 부서별 판매계획, 생산계획, 구

매계획, 재고계획 등에 있어서 일관성을 확보하고, 전체 공급체인 관점에서 실행가능하고 최적화된 계획을 수립, 공유하는 것을 목적한다.

❶ 수요계획관리

고객으로부터 주문정보를 수집하여 수요 예측을 실시하고, 이를 현장라인 상황분석, 자재공급 및 재고상황분석 등을 통해 납기약속 또는 납기조정을 가능하게 한다.

❷ 생산계획관리

영업으로부터의 판매계획, 물류부문으로부터의 재고계획 및 공급계획을 받아서 생산계획을 수립한다.

❸ 재고계획

안전재고를 바탕으로 한 적정재고를 어느 정도 가져갈 것인지에 대한 계획을 수립한다.

❹ 재고보충계획

계획 시점의 재고와 발주정보를 바탕으로 수요량 대비 부족분에 대한 재고보충계획을 수립한다. 재고보충계획을 수립할 때에는 영업의 판매계획 및 생산능력, 공급능력을 감안하여 수립하여야 한다.

3) SCM의 실행 Execution

공급체인 관리에 있어서 물류흐름을 보다 정확하고 빠르게 구현하기 위하여 실행 소프트웨어로 구성되어 있으며, 창고관리시스템 WMS, 수배송관리시스템 TMS, 주문관리시스템 OMS, 입출하정보알림시스템 ASN 등과 같은 실행단계의 소프트웨어가 있다.

❶ **창고관리시스템** WMS: Warehouse Management System

창고관리시스템 WMS 은 SCM의 핵심요소로서 주문관리시스템 OMS: Order Management System 과 수배송관리시스템 TMS: Transportation Management System 과의 연계를 통해 창고 내의 재고흐름을 효율적으로 추적 및 통제하여 최적의 재고운영을 가능하게 하는 솔루션이다. WMS는 다음과 같은 효과를 기대할 수 있다.

- 표준화된 업무프로세스 제공
- 실시간 재고 파악 가능
- 입출고 업무의 간소화
- 오배송률 감소로 인한 고객신뢰도 향상
- 입출고 예측을 통한 최적의 재고유지
- 생산성 향상에 따른 인건비의 절감
- 보관효율 및 공간활용도 향상
- 물류운영의 성과분석 가능

❷ **수배송관리시스템** TMS: Transportation Management System

TMS 수배송관리시스템 는 고객의 주문정보를 바탕으로 최적의 운송계획 수립, 운송경로 관리, 차량관리 등 운송과정 전반의 관리 및 실행을 지원하는 시스템을 말한다.

TMS의 주요기능으로는 고객주문관리, 배차관리, 차량관제 및 차량업무지원, 실적분석 및 정산관리 등의 기능이 있다. TMS는 다음과 같은 효과를 기대할 수 있다.

  - 효율적인 운송자원의 관리

  - 고객의 요구에 신속한 대응 및 고객서비스 수준의 향상

  - 화물과 차량에 대한 정확한 이력관리

  - 효율적인 수배송 운영 프로세스의 정립

  - 정시주문 충족을 통한 리드타임의 단축

◀ SCM의 기능 설명 ▶

06 SCM도입의 전제조건

SCM의 도입은 회사발전에 있어서 장기적이고 지속 가능한 차원에서 추진이 될 수 있도록 다음과 같은 전제조건을 인식하여야 할 것이다.

1) 장기적 관점에서 접근

SCM은 보다 근본적이고 체계적인 계획수립을 통해 장기적인 관점에서 접근하는 것이 보다 큰 이익을 창출할 수 있게 된다.

2) 부문별 정보공유 및 협력체제의 필요

공급망의 의사결정을 위해서는 다양한 부문의 정보가 공유되어야 하며, 이를 실현하기 위한 협력체제가 만들어져야 한다.

3) 정보기술의 활용이 필수

기업은 정보기술의 활용을 통해 시장의 변화에 보다 유연하게 대응함으로써 경쟁력 향상 및 SCM성과의 극대화를 가져올 수 있다.

4) 전체 최적화 관점에서 접근

공급망은 복잡하고 다양한 이해관계자의 참여로 구성되어 있기 때문에 부분 최적화보다 전체 최적화 관점에서 접근하는 것이 바람직하다.

5) SCM은 고객의 요구파악에서 출발함

고객의 요구가 무엇인지를 파악해서 프로세스 개선에 반영하도록 하여야 한다.

6) 철저한 프로세스 관점에서 접근

SCM은 철저히 실현 가능하고 개선 가능하도록 실질적인 업무 프로세스 관점에서 접근하여야 한다.

7) 지속적인 개선이 필요

시스템의 도입이 끝이 아니라 성과평가 및 목표관리의 기준을 설정하여 지속적인 점검 및 개선이 필요하다.

8) 최고경영자의 강력한 의지

SCM은 전사적 관점, 나아가 공급망 전체의 최적화를 추구하는 만큼 최고경영자의 강력한 지원과 관심이 필수적이다.

◀ SCM의 도입 전제조건 ▶

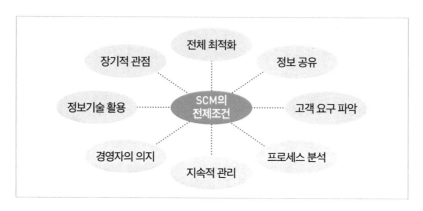

CHAPTER 07 **SCM을 통한 물류의 개선**

07 SCM의 주요기법

SCM을 이해하고 도입 추진함에 있어서 SCM의 주요기법과 개념은 다음과 같다.

1) QR Quick Response /신속대응

QR Quick Response 은 신속대응 보충의 개념으로 어패럴업계에서 공급체인의 상품 흐름을 개선하기 위하여 소매업자와 제조업자의 정보공유를 통해 효과적으로 원재료를 충원, 제품을 제조하고 유통함으로써 효율적인 생산과 재고량을 최소화시키려는 전략을 말한다. QR의 개념을 요소별로 정리하면 다음과 같다.

❶ 생산 및 유통 관련 거래당사자들은 파트너십을 형성하여 상호 간에 긴밀하게 협력한다.
❷ 고객에 대하여 적절한 상품을 적절한 장소에 적시에 적량을 적정한 가격에 제공하여 고객 만족도를 향상시키는 것을 목표로 한다.

❸ 표준 상품코드, 전자교환문서 EDI, KAN코드, DB정보 등의 정보기술을 활용한다.

❹ 생산과 유통단계의 축소, 재고의 삭감, 반품의 감소 등 생산과 유통의 각 단계에서 효율화를 추구하고 각종 낭비를 제거한다.

❺ QR의 성과를 생산자, 유통관계자, 소지자 등이 골고루 나누어 가질 수 있도록 공동의 이익을 추구한다.

2) ECR Efficient Consumer Response /효율적 소비자 대응

ECR 전략은 소비자 만족에 초점을 둔 공급체인 관리의 효율성을 극대화하기 위한 모델로서 제품의 생산단계에서 도소매에 이르기까지 전 과정을 하나의 프로세스로 보아 관련 기업들의 긴밀한 협력을 통해 전체로서의 효율 극대화를 추구하는 효율적 고객대응 기법이다.

제조업체와 유통업체가 상호 밀접하게 협력하여 상호 간에 존재하는 비효율적인 요소를 제거하여 보다 효용이 큰 서비스를 소비자에게 제공하고자 한다. 고객에게 보다 저렴한 가격과 만족도를 높이기 위하여 기존의 Push 방식에서 Pull방식으로 제품공급 방식을 전환하였으며, POS시스템을 통한 제품 충원이 자동으로 이루어지도록 하였다. QR과의 차이점은 어패럴산업뿐만 아니라 식품 등 다른 산업부문에도 적용 가능하다.

❖ ECR구축의 기본 원칙

❶ 소비자에게 보다 나은 가치를 제공하는 데 초점을 둔다.

❷ ECR은 상호이익적인 업무관계로 전환하여, 헌신적이고 적극적인 선두

기업에 의해 추진되어야 한다.

❸ 효율적인 생산, 판매, 물류를 지원하기 위하여 EDI 등을 활용하여 정보의 신속 정확성을 제고한다.

❹ 적절한 상품이 적절한 시기에 유통되어 부가가치를 창출하도록 생산단계에서부터 소비자에 이르기까지 효율적으로 관리해야 한다.

3) CRP Continuous Replenishment Programs /연속보충계획

CRP는 연속보충계획이란 뜻으로 공급생산자가 유통업자에 이르는 상품의 이동을 관리하고 보충 통제하는 데 사용되는 방법을 말한다.

CRP는 결품비율을 낮추고 상호협업 기능을 강화해줌으로써 효과적인 공급망 관계에 도움을 주게 된다. CRP ^{연속보충계획}의 도입목적은 '재고는 최소한의 분량만 보관하면서 즉각적이고 정확한 상품의 흐름을 달성하려는 것'이다.

4) VMI Vendor Managed Inventory /공급자주도 재고관리

VMI는 공급자가 서비스 수준을 유지하면서 소매업자나 유통센터의 재고를 주도적으로 관리하는 시스템을 말한다. 즉 VMI는 제품을 구매하는 고객사의 물류센터에서 공급업체 ^{Vendor, Supplier}가 주도적으로 재고관리를 실시하는 시스템이다. VMI의 도입목적은 공급체인상에서 고객의 요구를 효과적으로 충족시키기 위하여 프로세스를 간소화하고 수요예측정보에 의하여 적시, 적기에 신속하게 납품 대응하는 것이다.

5) CMI Co-Managed Inventory /공동재고관리

CMI ^{공동재고관리}는 고객사나 공급사 어느 한 쪽이 아닌 양쪽 모두가 재고를 함께 관리하는 것을 말한다. CMI ^{공동재고관리}는 VMI에서 한 단계 더 나아간 개념으로 소매상과 공급상이 공동으로 판촉활동, 지역여건, 경제상황을 고려하면서 적절하게 재고수준을 관리해나가는 것이다.

6) CPFR Collaborative Planning-Forecasting and Replenishment /협력적 계획 예측 보충관리

CPFR은 제조업체 ^{공급업체}와 유통업체 ^{고객사}와의 협업전략을 통해 제품의 생산 공급에 있어 공동으로 계획, 예측하고 상품의 보충을 구현하는 방안을 말한다. 공급체인을 이루는 여러 기업구성원들이 함께 같은 정보를 사용하여 수요를 예측하고 생산을 계획하며 재고를 보충해나가면서 공급체인에서 발생할 수 있는 정보왜곡현상 Bullwhip Effect 이나 예기치 못한 결품을 줄이게 한다.

7) CAO Computer Assisted Ordering /컴퓨터 지원 주문

CAO는 컴퓨터에 의한 자동발주시스템이란 뜻으로 판매정보를 공유함으로써 컴퓨터에 의한 자동발주가 가능하게 된다. CAO는 POS를 통해 얻어지는 상품흐름에 대한 정보와 계절적인 요인 등에 의해 소비자 수요에 영향을 미치는 외부요인에 대한 정보, 그리고 실제 재고수준, 상품수령, 안전재고수준에 대한 정보 등을 컴퓨터를 이용하여 통합, 분석하여 주문서를 작성하는 시스템을 말한다. CAO는 공급업체, 유통업체, 소매업체에 이르는 전체 재고를 컴퓨터에 의한 자동주문을 수행하도록 함으로써 효과적인 수송 및 배송계획을 지원해주어 물류비용을 감소시켜준다. 그에 따라서 재고의 효율적인 관리가 가능하게 되었고, 정확한 수요예측이 가능하도록 하는데 도움을 준다.

8) 크로스도킹시스템 Cross Docking

크로스 도킹이란 공급체인상의 각종 공급단계 제조업체 → 도매업체 → 소매업체 간에 제품이 이동되는 보충기간을 감소시키기 위해 보관기능 없이 통과시키는 시스템을 말한다. 재고 최소화의 방법으로 좁은 의미로는 차량의 크로스 도킹을 통한 배송방법을 말하고, 넓은 의미로는 물류센터에서 보관 없이 분류하여 배송하는 방법을 말한다.

크로스 도킹이란 제조업자로부터 유통업자에 이르는 상품의 물류체계를 신속하게 유지하도록 하기 위해 EDI정보, 바코드, 스캐닝 등의 기술을 통하여 자동화된 재고관리를 지원하여 물류 및 조달체계를 신속하게 하는 시스템이다.

08 채찍 이론 Bullwhip Effect 개념

물류 공급망 Supply Chain 에서 작은 결함요소 하나가 거품처럼 커져서 큰 영향을 끼치게 되는 것을 말한다.

Bullwhip Effect 채찍 이론 는 SCM의 한 이론으로 'The Paralyzing Curse of The Bullwhip Effect in a Supply Chain'이라는 제목의 논문에서 출발한다. 이 이론은 물류 공급망 Supply Chain 에서 작은 결함요소 하나가 거품처럼 커져서 큰 영향을 끼치게 되는 것을 말하고 있다.

즉 작은 결함 하나가 한 곳에서만 머물러 작용하는 것이 아니라 연쇄적으로 다른 곳으로 번져나가 마치 카우보이가 채찍을 휘둘렀을 때 그 힘의 파장이 채찍 끝으로 갈수록 엄청나게 커지는 현상과 같다는 것이다.

예를 들면 우리가 쉽게 경험할 수 있는 것으로 4차선 도로를 운전하여 달릴 때 가끔 차량속도가 급격히 떨어지게 되는 현상을 경험하게 된다. 원인을 알고 보면 4차선 중의 한 차선에서 사고가 났거나, 도로공사를 하고 있다는 것을 알게 된다. 그런데 4차선 중 한 차선이 문제가 되면 나머지 3차선은 정상적으로 운행되므로 차량의 속도는 1/4 정도가 떨어질 것으로 생각되나 실상은 그보다 훨씬 낮은 2~3배 이상으로 속도가 떨어지게 되는 것이다.

이와 같이 물류센터 내에서도 차량들이 달리듯이 물류는 계속적으로 흘러가고 있다. 흘러가고 있는 곳에서는 막힘이 없어야 한다. 어느 한 곳이 막히게 된다면 앞에서 언급한 4차선의 차량들이 급격히 정체되는 현상이 물류센터에서도 동일하게 발생한다.

그러므로 물류센터는 물건이 흘러가는 곳이므로 막힘 없이 흘러가도록 설계하여 관리하는 것이 무엇보다 중요한 핵심 포인트가 된다. 먼저 물류센터에서 막힌 곳이 어디인지를 잘 분석하여 찾아내는 것이 중요하며, 그다음은 이 막힌 곳을 적절한 방법을 통해 해결해야 한다.

다음 페이지에서 물류센터에서 발생하는 작은 오피킹 하나가 물류흐름 전체에서 어떤 영향을 미치고 있는지를 통하여 본 이론을 이해할 수 있을 것이다.

◀ 채찍이론의 개념 그래프 ▶

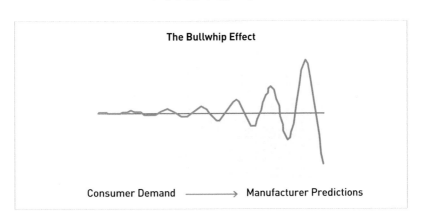

09 채찍 이론Bullwhip Effect 사례

오피킹 하나로 인한 문제는 단순히 상품 금액에 대한 손실을 뛰어넘어 다양한 면에서 손실을 가져오게 된다. 이는 기업의 신뢰도를 하락시킨다.

오피킹 하나가 물류흐름 전반에 미치는 영향을 채찍 이론Bullwhip Effect 의 관점에서 살펴보도록 하겠다. 과거 소품종 대량 생산시대에는 물건이 부족하거나 잘못 배송이 되었을 때, 다음날 채워 넣거나 전화 한 통으로 간단히 처리될 수 있었다.

그러나 오늘날과 같은 다품종 소량화 시대에는 유통업체에서는 발생되는 물류의 피킹오류 하나는 단순한 오류 하나로 끝나지 않고, 기업 전반에 걸쳐 많은 파장을 일으키고 있음을 인식해야 한다.

대부분의 유통회사들은 POS나 ERP 등과 같은 전산시스템이 기본적으로 가동되고 있으며, 이러한 정보시스템의 환경하에서 제품이 움직여지고 있다.

만약 물류센터에서 1,000원 정도의 제품 한 개에서 피킹 오류가 발생하였다고 하였을 때, 기업 전반적으로 미치는 영향이 어떠한지를 아래와 같이 설명할 수 있다.

❶ 오피킹이 발생한 만큼에 대한 상품 금액 손실

❷ 출하검수와 매장검수 과정에서의 검수 지연

❸ 오피킹에 대한 POS 및 ERP 상의 전산수정 비용

❹ 오피킹으로 인한 WMS 상의 재고수정 비용

❺ 오출고로 인한 제품 판매기회 손실

❻ 매장 점주 및 소비자에 대한 신뢰도 하락

❼ 오출고로 인한 반품률 증가

위에서 나열한 내용과 같이 제품 한 가지를 잘못 피킹함으로 인해 발생하는 문제는 단순히 상품 금액에 대한 손실의 문제만으로 끝나지 않고, 제품 본래의 가격을 뛰어넘어 엄청난 손실을 가져오게 되고, 기업의 전반적인 이미지를 하락시키는 결과를 낳게 한다.

즉 물류에서는 각 주문처 점포, 대리점, 출하처에 대하여 적기 적량을 정확히 배송할 수 있다는 것은 물류서비스의 핵심 요소를 달성하고 있다는 것을 기억해야 할 것이다.

그러므로 피킹 오류를 줄이기 위하여 각종 물류 시스템을 도입하고, 개선하기 위한 노력을 끊임없이 강구해 나가야 할 것이다.

재고관리의
중요성과
운영방안

01 재고관리의 기본

1) 재고관리의 정의

재고관리란 고객으로부터의 수요에 신속히 경제적으로 대응할 수 있도록 재고를 최적의 상태로 관리하는 절차를 말한다. 이러한 최적의 재고를 적정 재고라고 한다.

2) 재고관리의 필요성

기업들이 막대한 재고유지 비용을 지출하면서도 재고자산을 보유하고 있는 것은 수요에 부응하여 그것이 필요한 시기에 필요한 수량을 필요로 하는 장소에 조달하기 위함이다.

이때 재고가 필요 이상으로 많을 경우에는 과다한 재고유지비가 발생하게 되고, 그와 반대로 재고가 부족한 경우에는 결품으로 인한 판매기회 손실이 발생한다.

3) 재고관리의 목적

　재고관리의 목적은 고객의 서비스 수준을 만족시키면서도 결품으로 인한 손실과 재고유지 비용 및 발주비용을 최적화하여 총 재고관리 비용을 최소로 하는 것을 말한다. 주요 목적은 아래와 같다.

❶ 적정재고의 보유를 통하여 재고관련 비용의 절감
❷ 과다재고 방지에 의한 운전자금의 절감
❸ 재고관리에 의한 생산 및 판매활동의 안정성 추구
❹ 과학적이고 혁신적인 재고관리에 의하여 업무효율화 및 단순화 추진

◀ 재고관리의 목적 설명 ▶

02 재고관리의 방법

1) 정량발주방법

대표적인 재고관리 방식으로 사용빈도가 많으며 매일 일정한 비율로 소비되는 제품에 적용된다. 재고량이 일정한 재고수준, 즉 발주점까지 내려가면 일정량을 주문하여 재고관리하는 경제적발주량 주문방식이다.

❖ 재주문점 ROP[8] = 조달기간 동안의 평균수요 + 안전재고

정량발주방법은 관리하기가 쉽고 초심자도 발주업무를 수행할 수 있는 장점이 있다.

2) 정기발주방법

주문기간의 간격이 일정하고 주문량은 매번 바뀌게 된다. 재고수준을 계

----

8) ROP: Reorder Point, 재주문점.

속적으로 관찰하는 것이 아닌 정기적으로 재고량을 파악하고 최대재고수준을 결정하여 부족한 부분만큼을 주문한다.

❖ **주문량=평균수요** 검토기간 **+안전재고-남은 재고** 주문시점

정기발주방법은 매출액이나 수량이 많은 품목을 통제하는 데 알맞은 재고관리방법으로 한 공급자로부터 대량의 품목을 구매할 때 주문비용을 절약하고 가격할인 등의 장점이 있다.

3) Two-Bin법

나사와 같은 부품의 재고관리에 많이 적용된다. 즉 두 개의 상자에 부품을 보관하여 두었다가 필요시 한곳의 상자에서 부품을 꺼내서 사용한다.

첫 번째 상자의 부품이 모두 소진이 되면 그 시점에서 발주를 하게 된다. 발주된 부품이 채워질 때까지는 두 번째 상자의 부품은 안전재고의 역할을 하게 된다.

Two-Bin법은 제품의 크기가 작거나 저가품에 주로 적용하는 방식으로 재고수준을 계속해서 조사할 필요가 없다는 장점을 갖고 있다.

◀ 정량발주방식과 정기발주방식의 비교 ▶

항목	정기발주 방식	정량발주방식
금액	고가의 제품	저가의 제품
재고유지 수준	더 많은 안전재고 유지	일정량 재고 유지
수요예측	특히 필요하다	과거의 실적이 수요예측의 기준이 된다
발주시기	일정하다	부정확하다
발주량	변경 가능하다	고정되어있는 것이 좋다
품목수	적을 수록 좋다	많아도 관계없다
발주비용	발주횟수가 적어서 비용이 낮다	발주횟수가 많아서 비용이 높다

03 매일 재고관리 EDSM

1) 매일 재고관리 EDSM 의 개념

매일 재고관리 EDSM: Every Day Stock Management 란 재고에 대한 체크를 매일 같이 실시하여 실물재고와 전산재고를 정확히 일치시키고자 하는 재고관리 개념이다.

이 용어는 월마트에서 운영하는 EDLP Every Day Low Price 에서 응용하여 만든 재고관리의 개념이다. 다음에서 월마트의 EDLP Every Day Low Price 에 대하여 살펴보도록 하겠다.

❖ EDLP의 개념

마트에서 특별한 날을 정하여서 세일 Sale 판매를 하는 것이 그 당시는 매출이 상승하지만 나중에는 고객들이 재고를 많이 갖고 있게 되어 결국은 판매가 일어나지 않게 된다. 이는 결국 조달과 생산, 판매에 이르는 물류 전체의 흐름에 수요와 공급의 불균형을 발생하게 하며 이는 결과적으로 막대한 물류비의 손실을 초래하게 된다. 이러한 인식하에 특정한 날이 아닌 365일

항상 최저가격으로 공급한다는 가격운영체제를 생각하게 된 것이다.

이러한 운영이 소비자와 공급자 모두에게 가장 이익이 된다고 생각하여, EDLP Every Day Low Price 라는 개념이 나오게 된 것이다. 결국 이러한 운영시스템의 도입은 월마트를 세계 제일의 유통기업으로 성장시키는 원동력이 되었다.

이러한 월마트의 개념을 응용하여 생각한 것이 EDSM이라는 물류관리 개념이다.

2) 매일 재고관리 EDSM 의 필요성

물류센터가 안고 있는 아주 중요하면서도 어려운 점은 재고관리 문제일 것이다. 물류센터는 제품의 입출고가 끊임없이 반복적으로 진행되고 있다.

이러한 가운데 물류센터의 재고가 정확하게 관리된다면 기업은 많은 이윤을 얻게 될 것이다. 아래와 같은 이유에서 매일 재고관리의 필요성이 대두되는 것이다.

❶ 재고가 맞지 않게 되는 현상은 매일 같이 진행되는 업무 가운데서 무의식중에 발생한다.

❷ 일 단위로 업무가 이루어지므로 일 단위로 재고 체크를 실시하는 것이 가장 바람직한 재고관리의 시점이 된다.

❸ 당일 배송된 제품에서 결품 및 오류가 발생했을 때에도 보다 효율적으로 대응이 가능하다. 시간이 지날수록 재고오류의 추적이 어려워지게 된다.

❹ 당일 업무의 마감 개념으로 매일 재고관리를 실시하여 자신의 업무정확성을 체크하게 되며, 이로 인하여 자신의 업무 전문성을 높이게 된다.

❺ 재고의 정확성이 100% 보장된 상황에서 입출고작업을 진행하는 것이 물류전체의 업무를 보다 효율적이고 생산성이 높게 진행할 수 있게 된다.

◀ 매일 재고관리 EDSM 의 필요성 ▶

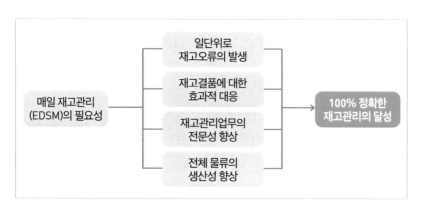

CHAPTER 08 재고관리의 중요성과 운영방안

04 청소를 통한 매일 재고관리^{EDSM}의 이해

매일 재고관리의 운영은 매일 재고체크가 가능한 물류시스템을 만들어 운영하여야 한다는 것을 말한다. 매일 청소하듯이 재고관리를 하면 결코 매일 재고관리하는 것도 어렵지 않을 것이다.

한 달에 한 번도 재고관리를 제대로 하지 않는 곳에서 재고관리를 매일 한다는 것은 너무나 힘들고 불가능한 일이라 생각하게 될 것이다. 매일 같이 재고관리를 하는 것에 대하여 오히려 시간낭비가 되고 회사에 손해라고 생각할 수도 있겠다.

이것을 이해하기 위하여 집 안의 청소를 통해서 설명하도록 하겠다. 집 안 청소도 모아두었다가 한꺼번에 하게 되면 힘들고 어려워 큰일을 하게 되는 것이 된다. 반면 매일 조금씩 시간을 내어서 정리와 청소를 하게 되면 힘들지도 않고 매일 쾌적한 환경에서 건강하게 살 수 있게 된다. 그러므로 매일 청소하는 것이 미루어두었다가 한꺼번에 하는 것보다 훨씬 쉽다는 것이다.

이와 같이 물류센터의 재고관리도 청소하는 것과 같이 매일 재고관리를 운영할 수만 있다면 재고가 정확히 일치하게 될 것이다. 그로 인하여 물류의 전반적인 운영프로세스도 엄청나게 높은 생산성을 향하여 나아가게 될 것이다.

즉 매일 청소하는 것이 한꺼번에 모아두었다가 하는 것보다 쉽고 효과적이듯이 물류센터의 재고관리도 매일 재고를 관리하고 체크하는 것이 훨씬 쉽고 효율적이라는 것이다.

매일 재고관리를 할 수 있는 방법은 다음 페이지와 같다.

◀ 매일 재고관리의 실행유무에 따른 비교 ▶

05 매일 재고관리_{EDSM}의 운영방안

매일 재고관리를 위하여서는 자신의 물류환경과 상황에 맞는 재고체크의 방법론을 도출하여야 할 것이다.

아이템이나 물동량이 많아서 매일 재고를 체크하는 게 불가능하다고 생각하는 회사들이 있을 것이다. 여러 이유를 들어 매일 재고를 체크한다는 것이 어렵다고 호소하는 회사들이 많을 것이다.

그럼에도 불구하고 분명히 말할 수 있는 것은 어떤 기업이든지 매일 재고를 체크할 수 있는 방법은 분명히 있다는 것이다. 매일 재고관리를 할 수 있는 방법은 많이 있다고 생각한다. 단지 이런저런 핑계를 대어서 실행하지 않을 뿐이다. 회사의 상황과 여건에 맞게 매일 재고관리를 위한 운영방안을 아래에서 살펴보도록 하겠다.

1) 제1방법
작업자별 재고구역을 분할하여 재고체크를 하도록 한다.

많은 아이템을 작업자별로 최대한 분산하여 재고체크를 하는 것이 아이템 수에 대한 부담을 덜어주게 한다.

2) 제2방법

당일 출하가 발생한 아이템에 대해서만 재고체크를 실시한다.

전체를 매일같이 하기 어려우므로 당일 출하가 발생한 아이템에 대해서만 재고체크를 하도록 한다.

3) 제3방법

낱개단위의 수량만 재고체크를 한다. 낱개단위로 출하된 아이템에 있어서 박스가 오픈된 낱개수량만 재고체크를 한다. 즉 박스단위로 틀리게 되는 확률은 아주 낮기 때문이다.

4) 제4방법

피킹과 동시에 재고체크를 하도록 한다. 이 방법은 리얼타임으로 피킹과 동시에 재고를 관리한다는 의미이다. 피킹을 위한 리스트 혹은 PDA화면에서 남은 재고가 표시되면 피킹 후 곧바로 재고를 파악한다.

위와 같은 여러 방법을 각 회사의 현실에 맞도록 실시한다면 대부분의 회사들은 매일 재고관리를 할 수 있을 것이다. 위의 방법 외에도 각 기업 물류의 성격을 잘 파악하여 연구한다면 여러 가지 형태의 아이디어와 지혜가 나올 것이라 생각한다.

◀ 매일 재고관리의 단계별 방법 ▶

06 보충랙에 의한 재고관리

물류센터에서는 각종 랙에 의하여 제품이 관리되는데, 이것을 보통 로케이션관리라고 한다.

제품을 로케이션별로 관리하는 데 있어 알아두어야 할 중요한 점이 보충랙에 의한 재고관리이다.

대부분의 물류센터에서 운영되는 제품의 특징은 종류에 따른 물동량의 편차가 크다는 것이다. 또한 편차를 일으키는 제품도 고정된 것이 아니라 수시로 바뀌게 된다.

그러므로 출고량이 많은 제품과 적은 제품에 대한 로케이션 크기를 어느 정도로 가져가야 할지에 대한 판단을 어렵게 하게 된다.

이러한 문제를 해결하기 위하여 보충랙을 통한 재고관리의 방법이 필요하게 되는 것이다. 이는 피킹랙에 있어서는 제품별로 정해진 안전재고 수량에 따라서 일정량을 보관하게 되며 보충랙은 후방 혹은 보충구역에 비교적 자유롭게 보관하게 된다.

1) 보충랙의 의미

로케이션 관리의 핵심 포인트가 되는 것이 바로 보충랙을 통한 재고관리이다. 선진화된 유통인 편의점, 할인점, 백화점 등은 공통적으로 후방Back Room에 보충랙을 두어서 제품 재고관리를 한다. 반면에 재래식 유통인 개인슈퍼, 개인마트 등은 대체로 별도의 후방Back Room에 보충랙이 없이 재고관리를 하고 있다.

그러므로 보충랙에 의한 재고관리는 선진화된 재고관리로 나아가기 위한 중요한 포인트가 될 수 있다는 것이다.

2) 보충랙의 필요성

물류센터에서 보관되고 있는 제품은 아이템별로 물동량의 편차가 상당히 크다. 그로 인하여 표준화된 일정한 규격의 보관 로케이션을 가져가기가 상당히 어려운 것이다. 그러므로 아이템별로 보관로케이션의 규격이 다르게 되며 피킹작업을 위한 동선 또한 복잡해지게 된다.

그러므로 보관은 다음 공정의 작업인 피킹의 효율을 높이기 위한 방향으로 진행되어야 한다. 피킹작업 시 작업동선을 최소화하기 위해서는 피킹랙의 형태는 피킹하기 가장 좋게 동일한 모양의 표준랙을 가져가야 하며, 물동량이 피킹랙의 크기를 넘어서는 제품에 대해서는 보충랙을 둬 재고관리를 하는 것이 가장 바람직한 방법이 된다.

즉 보충랙을 두어서 제품의 로케이션관리를 하게 되면 물동량 편차에 대한 대응이 원활할 뿐만 아니라, 피킹을 위한 작업동선이 최적화되어 작업생산성을 높여주는 결과를 가져오게 된다.

3) 보충랙의 운영방법

보충랙을 운영하기 위해서는 크게 두 가지로 나누어지게 된다.

❶ 피킹구역의 로케이션은 피킹하기 가장 좋게 일정한 규격으로 표준화해 놓게 된다. 그리고 랙의 후방에는 보충랙을 두어서 물동량이 많은 제품과 적은 제품에 대하여 유기적으로 운영되게 한다.

❷ 선반랙에 있어서는 피킹하기 쉬운 높이의 단은 피킹랙으로 가져가며, 피킹하기 어려운 상단과 하단 구역은 보충랙으로 운영한다.

파렛트랙에 있어서는 1단은 피킹랙으로 가져가며, 2단 이상은 보충랙으로 가져간다.

◀ 보충랙의 활용사례 ▶

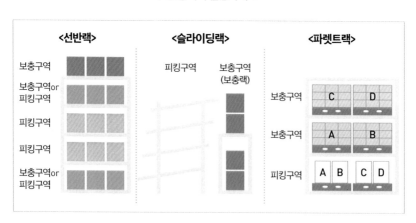

07 ABC분석에 의한 재고관리

제품의 재고관리에 통계적 방법을 적용하여 중요도에 따라 차등을 둬 재고를 관리하는 방식을 ABC분석에 의한 재고관리라고 한다.

물류센터에서 취급하는 제품의 종류는 대개 다양하여 재고관리가 매우 복잡하다. 이들 제품을 전체적으로 동일하게 관리한다는 것은 거의 불가능하므로 상품의 중요도나 가치를 중심으로 품목을 분류해서 적절한 관리시스템을 적용할 필요가 있다.

1) ABC분석의 실시방법

❶ 품목별로 출하량또는 매출액을 산출한다. 일반적으로 엑셀데이터로 분석표 작성

❷ ABC분석표에 출하량또는 매출액이 큰 순서대로 기입한다.

❸ 품목순으로 출하량또는 매출액의 백분율을 기입하며, 다시 누계백분율로 기입한다.

❹ 각 품목을 가로축X축에 놓고, 출하량또는 매출액의 백분율을 세로축Y축에 놓아 그래프를 작성한다.

❺ 품목별 수량또한 매출액의 누계백분율은 세로축에 놓고 긱 찜를 선으로 잇는다. 이 선을 파레토곡선이라고 한다.

❻ 마지막으로 품목을 분류기준에 따라서 ABC의 3등급으로 분류한다.

2) ABC관리 방법

제품의 중요도에 따라 차등을 뒤 재고를 관리하는 방식으로, 다음과 같이 A그룹, B그룹, C그룹으로 분류하는 일반적인 기준은 아래와 같다.

❶ A그룹

품목수가 적고 보관량과 재고 회전율은 높다 정기발주 방식.

❷ B그룹

품목, 보관량, 회전율 등이 중간 정도이다 정량발주 방식.

❸ C그룹

품목은 많고, 보관량과 회전율은 낮다 정량발주 방식, 혹은 TWO-BIN방식.

3) ABC관리의 응용

최근의 ABC관리 방법의 흐름에서는 보다 정확한 재고관리를 하기 위하여 A그룹에 해당되는 품목을 S그룹과 A그룹으로 나누었다.

❶ S그룹

상위 50% 출하량의 제품

❷ A그룹

상위 51~80% 출하량의 제품

❸ B그룹

상위 81~90% 출하량의 제품

❹ C그룹

상위 91~96% 출하량의 제품

❺ D그룹

그 이하 출하량의 제품

◀ ABC분석 재고관리 그래프 ▶

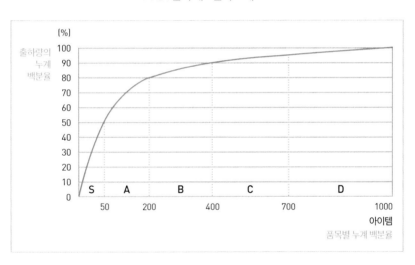

◀ 그룹별 재고관리의 방식 ▶

분류	매출액	재고품목수	연간매출액	적정재고관리방식
S, A품목	크다	10 ~ 20%	70 ~80%	정기발주방식
B 품목	중간	20 ~ 40%	20%	정량발주방식
C, D 품목	작다	40 ~ 60%	5~10%	TWO-BIN방식

WMS와 TMS를 통한 물류시스템의 강화

01 물류정보시스템의 개요

　물류정보시스템은 정보관리와 기간시스템 연계가 필수적인 요소이며, 물류운영과 물류자동화시스템 같은 물류설비가 결합되어서 물류의 효율화를 추구해나가게 된다.

　일반적으로 시스템이란 사람, 제품, 자금, 정보, 설비와 같은 요소들을 유기적으로 결합하는 것을 말한다. 그에 따라서 물류시스템이란 물류의 운영 효율을 높이기 위하여 물류센터를 둘러싼 각종 요소들을 결합하는 것을 말한다.

　물류시스템이라고 하는 것은 일반적으로 물류정보시스템을 가리키고 있다. 따라서 정보를 효율적으로 관리하는 것은 중요한 일이다.

　그렇지만 정보관리만으로는 효율적인 물류센터의 구축이 어려울 것이다. 그러므로 물류센터의 운영과 각종 물류설비의 결합으로 물류센터의 효율을 추구해나갈 수 있게 된다.

　또한 거래처의 기간시스템과의 연계 또한 중요한 물류정보시스템이 된다.

CHAPTER 09 **WMS와 TMS를 통한 물류시스템의 강화**

02 물류정보시스템의 내용

물류센터의 시스템은 크게 WMS 창고관리시스템, TMS 수배송관리시스템, WCS 물류자동화시스템가 주된 시스템이 된다. 이 세 가지 시스템이 서로 연동되어서 움직일 때 보다 효율적인 물류시스템이 구축될 수 있다.

1) WMS Warehouse Management System 창고관리시스템

위에서 설명한 물류시스템 가운데서도 중심축이 되는 시스템은 WMS가 된다. 물류센터에는 많은 사람과 설비가 움직이고 있으며, 그리고 입출하관리, 재고관리 등과 같은 다양한 업무들이 존재하고 있으며, 이러한 업무들을 유기적으로 결합하는 시스템이 WMS이다.

2) TMS Transportation Management System 수배송관리시스템

TMS는 수배송관리시스템으로 수송과 배송의 상황을 효율적으로 관리하기 위한 시스템이다. 최적의 배차관리, 운행관리, 동태관리 등의 업무를 담당하게 된다. 효율적인 배차관리 업무를 수행하기 위해서는 출하물량의 예측이 필요하게 된다. 그에 해당되는 정보는 WMS측에서 전달받게 된다. 그러므로 WMS와 TMS를 보다 효율적으로 연결하므로 물류센터의 업무를 최적화시킬 수 있게 된다.

3) WCS Warehouse Control System **자동화관리시스템**

물류자동화시스템은 자동창고, 자동분류시스템, 디지털피킹시스템 등을 관리하는 시스템을 말한다.

이러한 물류자동화시스템이 WMS와 TMS와 같은 시스템과 연계되므로 보다 효율적으로 활용할 수 있게 된다.

◀ 물류정보시스템의 개요 ▶

CHAPTER 09 **WMS와 TMS를 통한 물류시스템의 강화**

03 물류정보시스템의 체계

물류에서는 제품의 흐름과 동시에 반드시 정보의 흐름이 발생하게 된다. 정보처리를 효율적으로 하지 않고서는 물류센터의 업무를 제대로 수행할 수 없게 된다. 즉 정보 없이 물류센터는 움직일 수 없다고 할 정도로 물류센터에는 다양한 정보들이 입출력되어서 움직이고 있다.

1) 물류센터 정보의 유형

❶ 입하예정정보는 입하 시에 거래처로부터 받게 되는데, 이 정보에 의하여 입하검품작업을 진행한다.

❷ 수주정보^{주문정보}는 고객인 점포로부터 받아서 출고지시서^{피킹지시서}를 생성하게 한다.

❸ 출하정보는 출하확정정보라고도 하는데, 출하 시에 출하정보를 점포로 보내어 이 정보에 의하여 매장검품 및 매입확정을 하게 된다.

이러한 일련의 정보를 관리하는 물류시스템이 WMS Warehouse Management

System: 창고관리시스템인 것이다.

2) 물류센터 업무와 정보흐름

❶ 입하거래처로부터 ASN정보사전출하정보의 수신을 통해서 입하예정정보
를 생성하여 검품을 준비한다.

❷ 입하된 상품은 입고확정을 실시하여 물류센터의 재고로서 확정이 되어
재고데이터가 플러스(+)로 갱신된다.

❸ 물류에서 갱신된 재고정보를 기반으로 하여 점포로부터 수주정보를 받
아 출고작업이 시작된다.

❹ 고객으로부터 들어온 수주정보는 재고정보와 매칭이 되어 출고지시서피
킹리스트가 발행된다.

❺ 출고지시에 따라서 피킹작업을 실시하며, 피킹작업이 완료되면서 출고
확정이 되어 재고가 마이너스-로 처리된다.

❻ 출고가 완료되면 출고정보에 따라서 출하검품을 진행한 후에 최종적으
로 점포로 출하확정정보를 보내게 된다.

3) 물류센터 정보시스템의 전체흐름

물류정보시스템은 아래와 같이 물류센터의 전체 업무를 효율적으로 운영하기 위하여 입하에서 출하에 이르는 정보처리 관련 업무를 담당하는 WMS 창고관리시스템가 있으며, 차량에 관련된 업무를 수행하는 TMS 수배송관리시스템로 구성된다.

그리고 물류업무를 보다 신속 정확히 처리하기 위하여 각종 WCS 물류자동화시스템가 WMS에 연결되어서 운영되고 있다.

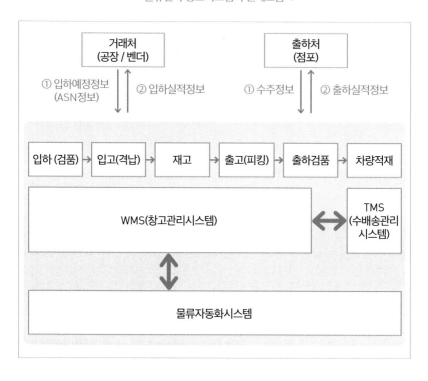

◀ 물류센터 정보시스템의 전체흐름 ▶

CHAPTER 09 **WMS와 TMS를 통한 물류시스템의 강화**

04 WMS의 기능과 역할

WMS는 물류센터의 업무를 효율적으로 관리하기 위한 통합물류시스템으로 물류센터의 운영에 있어서 무엇보다 중요한 시스템이다.

1) WMS의 정의

입하, 입고, 재고, 출고, 출하와 같은 각 작업공정의 작업지시를 일원화된 데이터베이스를 기반으로 하여 작업자에게 최적의 작업을 실행하게 한다.

WMS는 일원화된 물류센터의 정보와 각종 관리시스템 및 자동화 시스템과의 연계로 효율적인 물류센터의 운영을 실현하게 된다.

보다 구체적으로 설명하자면 WMS의 기능에는 관리시스템으로 입하관리, 재고관리, 출고관리, 출하관리가 있으며, 그리고 정보처리시스템으로는 수발주데이터관리, ASN 데이터관리, 마스터관리, 작업진척정보관리 등의 기능이 있다.

2) WMS의 추진방향

WMS는 단순히 물류센터의 정보관리만을 위한 것이 아니며 다음과 같은 추진방향에 따라서 운영되게 된다.

❶ 주문과 상품의 흐름에 대한 전반적인 정보관리
❷ 입하검품 및 출하검품의 실시
❸ 입고작업 및 출고작업에 대한 최적화
❹ 재고관리를 통한 실물재고와 전산재고의 일치
❺ 물류센터 공간효율의 최적화
❻ 장비와 인적 자원에 대한 효율화
❼ 물류흐름 상의 실시간 정보제공

3) WMS의 업무

❶ **입하작업** 입하검품

입하 납품처로부터 사전에 ASN정보 사전출하정보를 제품이 입하되기 전 WMS로부터 수신받아 입하예정정보를 생성하여 입하작업을 준비하게 된다. 실제로 입하된 제품의 검품은 핸디터미널 등의 장비로 제품바코드정보를 입력하여 WMS상의 ASN정보와 비교하여 결과값을 다시 WMS로 보내주게 된다.

❷ **입고작업**

입하가 완료된 제품의 경우 해당 제품이 어느 로케이션으로 입고하는 것이 좋을지에 대하여 WMS에서 작업자에게 지시를 내리게 된다. 이때 작업지시의 형태는 입고지시리스트 및 핸디터미널에 의하여 이루어지게 된다. 그리고 WMS에는 상품코드별로 로케이션 등록이 사전에 되어 있으므로 자동적으로 입고로케이션이 부여된다.

❸ 재고관리

WMS에 제품별 입하일, 제조일, 출하기한 등의 정보를 데이터로 관리하게 되므로 최적의 출고지시가 가능해진다.

❹ 출고관리

WMS에서는 수주정보를 통하여 출고지시정보를 생성하게 된다. 이러한 출고정보를 각종 물류시스템으로 전송하여 출고작업을 실행하게 한다.

❺ 인력관리

물동량의 변동에 따른 인력 배치계획 및 작업계획을 세워 효율적으로 작업을 하게 한다.

❻ 수요예측 관리

재고데이터로부터 물류 ABC분석을 실시하여 정확한 수요예측을 한다.

❼ 물류KPI 핵심성과지표 **관리**

물류업무의 생산성을 관리하기 위하여 각 업무 영역별로 작업에 대한 성과지표를 관리하여 작업생산성 향상에 반영하도록 한다.

CHAPTER 09 WMS와 TMS를 통한 물류시스템의 강화

05 DC센터 재고형 물류센터 의 WMS

DC Distribution Center 센터는 재고를 보유하면서 운영되는 물류센터를 의미하며, DC센터 WMS는 재고형 물류센터를 효율적으로 운영하기 위한 물류시스템이다.

1) DC센터 WMS의 개요

DC센터의 기본적인 업무 흐름은 입하 → 입고 격납 → 재고 → 출고 피킹 → 출하의 순서에 따라서 작업이 진행된다. 이러한 순서에 따라서 작업이 진행될 때 핸디터미널 및 각종 물류기기를 사용하여 작업의 효율화를 이루고 있다.

2) DC센터 WMS의 운영

❶ 입하작업

입하는 ASN정보 사전출하정보 를 이용하여 검품을 하는 것이 일반적이다. ASN정보를 핸디터미널에 송신하여 제품바코드를 입력하므로 검품작업이 이루어지게 된다.

실물 제품과 핸디터미널의 정보를 조회하여 일치하면 입하확정을 하게
되며, 이어서 물류라벨을 발행하여 붙인 후 입고대기장으로 이동한다.

❷ 입고작업격납

입하검품이 완료된 제품은 선반랙 혹은 파렛트랙에 제품을 입고하게 된
다. 입고는 고정로케이션 방식과 프리로케이션 방식 두 가지 형태로 진행
된다.

첫 번째 고정로케이션 방식은 전산상에 입고할 제품별 로케이션이 미리
정해져 있는 방식을 말하며, 두 번째 프리로케이션 방식은 작업자의 판단에
따라서 입고할 로케이션을 선정한 뒤에 전산에 해당 로케이션을 등록하는
방식이다. 그다음 작업자는 제품입고와 동시에 로케이션바코드와 제품바코
드를 입력하므로 입고확정이 이루어지며, 이 시점에 재고등록이 확정된다.

❸ 재고관리

입고된 제품은 재고로 확정이 되며, 입하처, 입하일, 수량 등의 재고정보
를 관리하게 된다. 유통기한을 관리하는 식품류에 대해서는 유통가능 일자
를 입력하여 기한이 초과된 제품의 경우 자동으로 알람이 울리도록 하여 물
류센터의 유통기한 관리를 철저히 한다.

❹ 출고작업피킹

출고작업은 고객 주문에 대한 피킹작업을 실시하는 업무로서 틀려서는
안 되는 중요한 작업공정이다. 피킹작업방식에는 싱글피킹방식과 토탈피킹
방식 두 가지 형태로 나뉜다.

- 싱글피킹방식은 출고지시서피킹리스트의 점포별 순서에 따라서 피킹작

업을 실시하는 방식이다. 싱글피킹방식을 응용한 자동화시스템으로 디지털피킹시스템DPS 이 있다.

- 토탈피킹방식은 당일 전체 점포에 대한 토탈피킹을 실시한 뒤, 각 점포별로 분배작업을 진행하는 방식을 말한다. 토탈피킹방식을 응용한 자동화시스템으로 디지털어소팅시스템DAS 과 자동분류시스템이 있다.

❖ 보충작업

출고작업에 있어서는 보관존으로부터 피킹존에 보충하는 업무가 피킹작업이 진행되면서 함께 이루어지는 것이 일반적이다.

◀ DC센터 출고작업의 유형 ▶

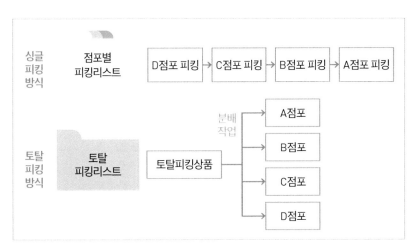

❺ 출하작업

피킹작업이 종료된 점포별 박스는 차량별로 분류되어 롤테이너에 적재하게 되는데, 롤테이너바코드와 피킹 박스의 점포바코드를 입력하면서 출하검품 작업을 실시하게 된다. 박스 안의 내용물에 대하여 전수검수를 바코드 입력에 의하여 실시하는 경우도 있다.

마지막으로 롤테이너를 차량에 적재할 때도 롤테이너바코드와 차량바코드를 입력하여 정확한 적재 확인작업을 실시하게 된다.

위의 출하검품 작업을 바코드로 확인하지 않을 경우에는 수작업방식으로 진행하게 된다.

◀ DC센터의 WMS에 의한 작업흐름도 ▶

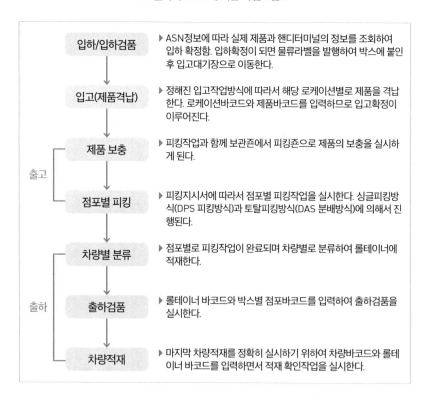

06 TC센터 통과형 물류센터 의 WMS

TC Transfer Center 센터는 재고를 보유하지 않고 운영되는 물류센터를 의미하며, TC센터 WMS는 통과형 물류센터를 효율적으로 운영하기 위한 물류 시스템이다.

1) TC센터 WMS의 개요

TC센터의 기본적인 업무 흐름은 입하 → 피킹 및 분류 → 출하의 순서에 따라 작업이 진행된다. TC센터의 WMS운영은 크게 두 가지 형태로 나누어진다.

❶ TC-A형 물류센터

사전에 각 공장 및 벤더에서 점포별로 피킹작업이 완료되어서 TC센터로 입하되는 경우이다. 이러한 방식은 출하물량이 대량으로 운영되는 마트형 물류센터에서 주로 사용된다. 각 공장 및 벤더물류센터에서는 각 점포별 피킹작업을 완료하여 SCM라벨[9]을 붙인 후에 TC센터로 입하된다. 입하의 동시에 박스자동분류시스템에 의해 점포단위 차량별로 분류하여 출하되게 된다.

❷ TC-B형 물류센터

TC센터에서 점포별로 분류작업을 실시하여 출하하는 경우를 말한다. 이러한 방식은 냉장 및 일배제품, 유제품 등을 취급하는 물류센터에서 많이 사용된다.

이러한 제품들은 유통기한이 짧은 관계로 각각의 물류센터에서 재고로 보유하기가 어렵기에 TC센터의 형태로 관리된다. 작업방식은 각 공장 및 벤더로부터 토탈물량이 물류센터에 입하되면 각 점포별로 분류작업을 실시하여 출하된다. 디지털어소팅시스템DAS 으로 분배작업을 실시하는 경우가 많다.

❖ TC-A형과 TC-B형의 차이점

TC-A형과 TC-B형에 대하여 어떤 형태를 선택할 것인가 하는 것은 대체로 물동량에 따라서 구분이 된다. 대형마트와 같이 물동량이 많고 아이템 수가 많은 경우에는 사전에 공장 및 벤더에서 피킹작업을 실시하여 물류센터에서는 단지 분류만 하여 출하하는 형태인 TC-A형을 주로 많이 가져가게 된다.

반면에 편의점의 냉장제품과 같이 아이템 수와 물동량이 마트에 비해 적

----

9) SCM라벨: SCM은 Shipping Carton Marking의 약어로 출하되는 박스에 붙이는 라벨을 말한다. ASN(사전출하정보)과 연계하여 물류센터에서 입하검품을 실시하게 된다.

은 경우에는 물류센터에서 직접 분배작업을 실시하여 운영하는 것이 물류비에 전반적으로 유리하게 작용하므로 TC-B형을 선택하게 된다.

2) TC센터 WMS의 운영

❶ TC-A형의 운영프로세스

TC-A형은 입하되기 전 공장 혹은 벤더에서 내용 검품이 완료되어서 TC센터로 입하된다. 점포별로 피킹작업이 완료된 상태에서 박스가 입하되므로 TC센터에서는 ASN정보^{사전출하정보}를 이용하여 박스수량만을 검품하게 된다.

그다음에는 박스 자동분류시스템 및 컨베이어라인을 통하여 출하장으로 반송되어 차량에 적재하는 것으로 모든 물류작업이 완료된다.

❷ TC-B형의 운영프로세스

TC-B형은 공장 및 벤더로부터 주문상품에 대하여 토탈피킹하여 총량납품의 형태로 TC센터에 입하가 된다. 물류센터에서는 입하된 상품에 대하여 ASN정보^{사전출하정보}에 따라서 정확히 입하되었는지 검품을 실시하게 된다.

검품이 완료된 제품에 대해서는 점포별 분배작업을 실시하게 된다. 이때 디지털어소팅시스템^{DAS}과 자동분류시스템을 사용하게 되는 경우가 많다. 분배작업이 완료된 제품은 주로 롤테이너에 박스를 적재하여 출하검품을 실시한다. 출하검품이 완료되면 차량에 적재하여 배송하게 된다.

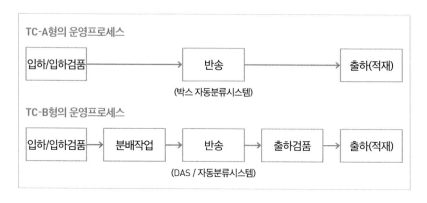

◀ TC A형과 B형의 운영프로세스 ▶

TC-A형의 운영프로세스

입하/입하검품 → 반송 → 출하(적재)

(박스 자동분류시스템)

TC-B형의 운영프로세스

입하/입하검품 → 분배작업 → 반송 → 출하검품 → 출하(적재)

(DAS / 자동분류시스템)

07 TMS의 개요

TMS Transportation Management System 는 수배송관리시스템으로 효율적인 수송 및 배송업무를 실현한다.

국내 물류비용의 절반 이상은 운송비가 차지하고 있다는 점에서 TMS의 중요성은 높다고 할 수 있다. TMS가 차량과 관련된 것임에도 물류센터 시스템에서 다루어지는 이유는 TMS 운영의 기본이 되는 데이터가 WMS에서 보내는 출하물량이기 때문이다.

출하작업이 완료된 후, 해당 물동량을 기준으로 차량을 수배하게 되면 차량의 확보는 늦어지게 된다. 반면에 사전에 차량의 고정 루트를 설정하여 놓고 물량에 관계없이 차량을 확보하는 방법도 있기는 하지만 이 방법은 요일별로 물량의 편차가 발생하게 되므로 차량운영 효율에 있어서 손실Loss이 많이 발생하게 된다.

TMS를 도입하게 되면 WMS의 수주데이터를 기준으로 사전에 예상되는 배송물량을 산출하여 차량을 수배하게 되므로 효율적인 배차계획을 실현하게 된다. 그리고 TMS에서 확정된 배차계획 정보는 WMS로 전달되어 배송 차량별 점포정보를 관리하게 된다. 그러므로 TMS는 WMS와 항상 밀접한 관계에서 데이터를 주고받으며 각 시스템의 역할을 수행하고 있다.

◀ WMS와 TMS의 연계작업 ▶

CHAPTER 09 WMS와 TMS를 통한 물류시스템의 강화

08 TMS의 구성과 역할

 TMS의 기능은 배차관리, 운행관리, 동태관리 3가지로 나누어진다. 설명한 TMS기능은 각각 독립된 시스템으로 운영된다는 것을 이해할 필요가 있겠다.

 WMS 내에서는 재고관리, 입출고관리, 입출하검품 등의 기능이 동일한 프로그램 안에서 유기적으로 데이터를 주고받으면서 진행되고 있다. 그렇지만 TMS의 경우 배차관리, 운행관리, 동태관리는 서로 각각 다른 프로그램에서 운영이 된다. 그러므로 TMS에서는 각각의 기능을 배차관리시스템, 운행관리시스템, 동태관리시스템이라고 부르는 것이 맞는다고 본다.

 또한 배차관리시스템에서는 보다 전문적으로 운영하기 위하여 차량적재관리시스템과 배송루트최적화시스템으로 나누어서 진행하게 된다. 이외에도 공차율을 줄이기 위하여 진행하는 공차관리시스템도 있다. 각 기업에서는 단순히 TMS를 도입했다고 하기보다는 TMS의 어떤 기능의 시스템을 도입했는지에 대하여 명확히 할 필요가 있겠다. 물론 기업에서 3가지 시스템 모두를 도입하는 경우두 있겠지만 대부분은 한 가시를 도입하는 경우가 많다. 그러므로 TMS를 도입했다고 하면 결국 어떤 기능의 TMS를 도입했는지 명확히 해야 할 것이다.

◀ TMS물류시스템의 유형 ▶

TMS
- 배차관리시스템 — 제품의 물동량과 납품위치를 입력하여 최적의 배차계획을 설정
- 운행지원시스템 — 차량의 운행실적을 관리하여 연비절감 및 안전운전을 실현함
- 차량동태관리시스템 — GPS를 통하여 차량의 위치를 파악하여 점포 및 센터에 알려주는 기능
- 공차관리시스템 — 차량별 공차정보를 중앙 관제시스템에서 통제를 하여 공차율을 최소화하는 시스템이다.

09 배차관리 시스템

배차관리시스템은 최적의 배차계획을 수립하기 위한 TMS의 기능이다.

배차관리시스템은 납품처의 위치와 납품예정시간 등의 제약조건을 사전에 고정적으로 입력하게 된다. 그리고 당일의 납품처별 물동량을 시스템에 입력하므로 최소차량수, 최소거리의 배송루트를 시스템이 제시를 하게 되어 최적의 배차계획을 시스템에 의하여 자동으로 처리하게 된다.

이러한 배차관리시스템은 데이터의 양에 따라서 다르지만 5~10분 정도의 시간에 배차계획이 자동으로 수립되며, 최적의 배송루트가 작성되어 운송비 절감에 크게 기여한다. 반면에 이러한 배차관리시스템이 없는 경우에는 사람이 수작업으로 물동량을 분석하게 되는데, 시간도 많이 소요될 뿐만 아니라 배차계획의 비효율성으로 인해 차량운영에 비용이 많이 들게 된다. 그러므로 차량과 물동량이 많은 물류센터에서는 TMS의 중요성을 간과해서는 안 될 것이다.

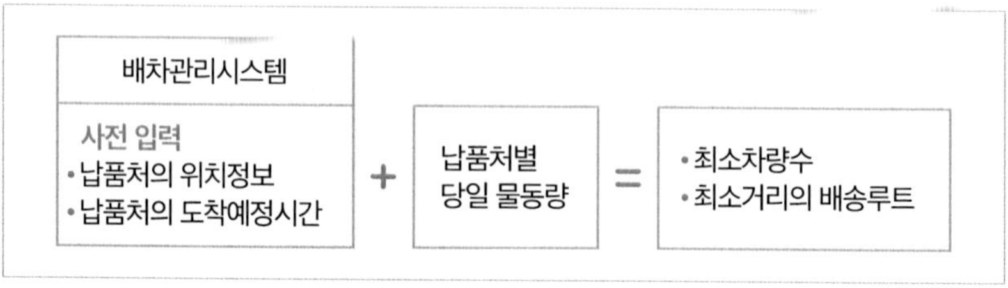
배차관리시스템
사전 입력
•납품처의 위치정보
•납품처의 도착예정시간
+
납품처별
당일 물동량
=
•최소차량수
•최소거리의 배송루트

10 운행관리
시스템

운행관리시스템은 운행실적 및 배송일보 등을 작성하여 불필요한 운행 Loss를 개선하고자 한다.

디지털운행기록계[10]인 타코그래프를 부착하므로 법정속도 준수 및 엑셀의 개폐도 등 운전상황을 파악하여 연료비 및 차량유지비를 절감하고 안전운전을 실현하도록 한다.

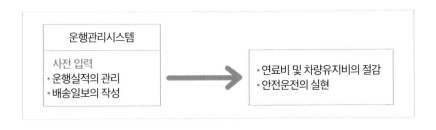

---

10) 차량의 운행상태를 기록하여 무모한 운전을 방지하는 동시에 관리에 이용하기 위한 것으로서, 원형 또는 좁고 긴 기록 용지에 속도, 운행 거리, 정지 시간 등이 기록된다.

11 차량동태관리 시스템

차량동태관리시스템은 현재의 차량위치 정보를 지도상에 표시하는 기능을 말한다. GPS를 사용하여 신속 정확한 위치정보를 리얼타임으로 파악하는 것이 가능하게 된다. 납품처에서 도착예정 시간을 문의할 때 정확한 회답이 가능하도록 한다. 더 나아가 점포에 사전에 자동적으로 도착예정 시간을 알려주는 기능을 가져갈 수도 있다.

◀ 차량동태관리시스템의 설명 ▶

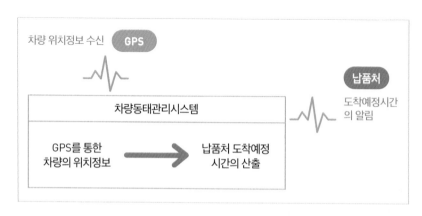

CHAPTER 10

• • •

물류시스템화를 통한 생산성의 향상

01 시스템화의 개요

끊임없이 변화되는 물류환경에서 물류는 그 목적을 추구하기 위해서 최적의 물류시스템을 구축해야 한다.

시스템화라는 용어는 사전적으로 체계, 질서와 같은 의미를 갖고 있다. 즉 시스템화란 무질서한 상태에서 질서정연한 상태로 만들어가는 것이라고 할 수 있으며, 비체계적인 상태에서 체계적인 상태로 만들어가는 것을 시스템화라고 할 수 있겠다.

그 외에도 시스템화는 조직화, 제도화의 뜻을 내포하고 있다. 물류의 목적인 물류서비스의 향상과 물류비용의 절감을 달성하기 위해서는 반드시 시스템화가 전제되어야 한다는 것이다. 앞에서도 언급했듯이 아무런 변화를 가하지 않은 상태에서 물류서비스를 높이게 되면 물류비용이 증가하게 될 것이며, 반대로 물류비용만을 절감하려 하면 물류서비스가 떨어지게 되는 것이다. 그러므로 물류시스템의 도입은 물류의 목적인 서비스의 향상과 물류비용의 절감을 동시에 달성하도록 추구되어야 한다.

끊임없이 변화되는 물류환경에서 물류는 그 목적을 추구하기 위해서 지속적으로 노력해야 하는데, 그것은 바로 최적의 물류시스템을 구축해야 한다는 것이다. 물류시스템화를 달성함에 있어서 필요한 요소들은 인력관리 시스템화, 재고관리 시스템화, 물류환경 시스템화, 물류기기 도입 등과 같은 시스템화가 필요한 것이다.

◀ 물류시스템화의 방향 ▶

◀ 물류시스템화의 개요 ▶

02 인력관리를 통한 시스템화

    인력관리를 효율적으로 하기 위해서는 작업자 간 작업불균형이 생기지 않도록 작업량의 균등화를 위해서 노력해야 한다.

    인력관리는 구성원의 잠재적 능력을 최대한으로 발휘시켜 작업 생산성을 향상시켜 나가기 위한 업무적인 노력을 말한다. 물류에서 인력관리를 효율적으로 하기 위해서는 무엇보다 합리적인 조직관리가 필요할 것이며, 각 작업의 프로세스에 있어서 작업량의 균등화를 이루어나가야 할 것이다.

    작업량 균등화의 의미는 물류 업무가 입하에서 시작하여 입고, 보관, 출고, 출하의 순서대로 업무가 진행되고 있는데, 이러한 업무가 연속으로 흘러가고 있음에 있어서 작업불균형이 발생하면 곧바로 작업 Loss가 발생하게 된다.

    그러므로 작업자 간 작업불균형이 생기지 않도록 작업량의 균등화를 위해서 노력해야 할 것이다.

    그리고 인력의 조직관리에 있어서는 무엇보다 업무영역별로 담당팀장이 선임되어 책임감을 갖고 업무에 임하도록 하여야 할 것이다. 이때 직원이 아닌 파트타임의 아르바이트라 할지라도 업무능력이 앞선 작업자를 팀장으로 정해서 인력관리를 하도록 해야 할 것이다. 이러한 인력관리의 핵심을 이해하고 인력관리의 시스템화를 만들어가야 할 것이다.

03 로케이션관리를 통한 재고관리의 시스템화

재고관리의 효율화를 실현하기 위해서는 로케이션관리를 얼마만큼 잘하느냐에 따라서 재고관리의 수준이 결정된다.

물류센터는 결국 상품이 들어왔다 나갔다 하는 곳이다. 이러한 상품의 재고관리가 잘 이루어져야 결품 없이 신속 정확하게 출고작업이 이루어지게 되는 것이다. 이러한 재고관리의 효율화를 실현하기 위해서는 로케이션관리를 얼마만큼 잘하느냐에 따라서 재고관리의 수준이 결정된다고 하겠다. 로케이션 관리는 크게 상품코드^{상품명}에 의한 관리와 로케이션코드에 의한 관리로 나뉜다.

❶ 상품코드에 의한 로케이션관리는 제품을 보관하게 되는 각 로케이션 구역에 상품코드 및 상품명을 정해놓고 재고관리를 하는 것을 말한다.
❷ 로케이션코드에 의한 로케이션관리는 제품을 보관하게 되는 각 로케이션 구역에 고유 주소인 로케이션번호를 정해놓고 재고관리를 하는 것을

말한다.

　로케이션코드에 의한 재고관리에는 고정로케이션방식의 재고관리와 프리로케이션방식의 재고관리로 나누어지게 된다. 일반적으로 대부분의 물류센터에서는 상품코드 및 상품명에 의한 재고관리를 하고 있다. 이는 결국 시스템화의 수준이 미흡함을 의미하게 되며, 상품의 종류가 많고 입출하의 빈도가 높은 경우에는 상품코드가 아닌 로케이션코드에 의해서 재고관리가 진행되어야 효율적으로 진행되게 된다.

　로케이션코드에 의해서 재고관리가 이루어지기 위해서는 WMS와 같은 물류관리시스템에 의해서 움직여져야 할 것이다. 보다 효율적인 로케이션 관리가 되기 위해서는 무선핸디터미널과 같은 장비를 이용하여 재고관리 작업을 진행하는 것이 훨씬 효율적일 것이다.

◀ 로케이션관리의 종류 ▶

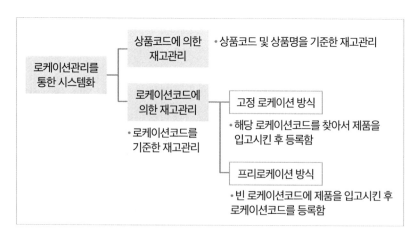

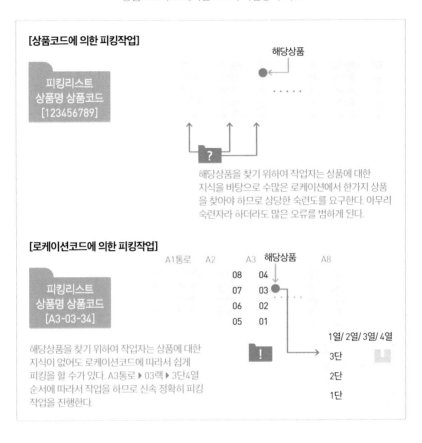

[상품코드에 의한 피킹작업]

해당상품

피킹리스트
상품명 상품코드
[123456789]

해당상품을 찾기 위하여 작업자는 상품에 대한
지식을 바탕으로 수많은 로케이션에서 한가지 상품
을 찾아야 하므로 상당한 숙련도를 요구한다. 아무리
숙련자라 하더라도 많은 오류를 범하게 된다.

[로케이션코드에 의한 피킹작업]

피킹리스트
상품명 상품코드
[A3-03-34]

해당상품을 찾기 위하여 작업자는 상품에 대한
지식이 없어도 로케이션코드에 따라서 쉽게
피킹을 할 수가 있다. A3통로 ▶ 03랙 ▶ 3단4열
순서에 따라서 작업을 하므로 신속 정확히 피킹
작업을 진행한다.

A1통로   A2   A3 해당상품   A8
08   04
07   03
06   02
05   01

1열/ 2열/ 3열/ 4열
3단
2단
1단

04 정리정돈을 통한 물류환경의 시스템화

물류센터의 정리정돈은 물류센터 운영을 시스템화함에 있어서 가장 기본이 되는 항목이 될 것이다. 정리정돈된 상태에서 업무를 하는 것과 그렇지 않은 상태에서 일하는 것은 너무나도 큰 차이가 발생하게 된다.

물류센터의 정리정돈에 대한 개념은 단순히 보기 좋게 청소한다는 것이 아닌 아래와 같은 의미에서 정리정돈을 이해해야 할 것이다.

1) 5S차원에서의 정리정돈을 실시해야 한다.

정리는 필요한 것과 불필요한 것을 분리하여 필요한 것만을 두는 것이며, 정돈은 필요한 제품에 대하여 사용하기 편하도록 순서를 잡아서 배치하는 것을 의미한다. 이러한 의미를 잘 이해하고 제품의 정리정돈을 실시하여야 할 것이다.

2) 정리정돈도 물류업무로 인식해야 한다.

정리정돈을 단순히 작업이 끝난 뒤 뒷정리하는 수준으로 생각해서는 안 된다. 업무가 진행됨과 동시에 생기게 되는 빈 박스와 같은 것을 나중에 모아두었다가 한꺼번에 처리하는 것이 아니라 작업진행과 동시에 정리정돈되어야 한다는 것이다.

최소한 빈 박스가 발생함과 동시에 처리가 어려우면 일정한 시간간격을 정해놓고 정리정돈을 실시해야 할 것이다. 결국 정리정돈되지 않은 상태에서 피킹, 포장, 입고 등의 업무를 진행하게 된다면, 결국 정리정돈되지 않은 상태는 작업의 장애요인이 되어 생산성을 떨어트리게 한다.

3) 다음 공정을 배려한 정리정돈을 해야 한다.

물류센터의 정리정돈은 깨끗하고 보기 좋은 상태를 유지하는 것보다 업무의 효율성을 높이기 위한 정리정돈이 되어야 한다. 그러기 위해서는 정리정돈의 개념이 다음 공정을 효율적으로 처리하도록 이루어져야 할 것이다.

흔히 피킹작업을 위하여 슬라이딩랙 혹은 선반랙에 제품을 보충하게 되는 경우가 있는데, 이때 보충을 빨리하기 위하여 박스를 개봉하지 않은 채로 보충을 하게 되는 경우가 흔히 있다. 그러한 경우 보충은 빨리 이루어지겠지만 피킹하는 사람이 박스를 개봉하면서 피킹을 하다 보면 피킹에 있어서 엄청난 손실이 발생하게 된다. 그러므로 피킹랙에 제품을 보충하는 경우에 박스의 날개를 분리해서 다음 공정의 피킹하는 사람이 그 일에만 집중하도록 해야 할 것이다.

4) 정리정돈을 위한 적절한 도구를 활용해야 한다

정리정돈도 업무의 연장선이므로 효율적으로 생산성을 높이기 위한 도구를 잘 활용해야 할 것이다. 빈 박스를 자르는 경우에 사용되는 커터칼의 선정에 있어서부터 효과적인 제품을 사용하여야 할 것이다. 그 외에도 작업 중에 발생하는 쓰레기를 버리기 위한 알맞은 휴지통, 먼지를 치우기 위한 걸레 및 빗자루 등의 청소용품도 잘 갖추어져 있어야 하겠다.

그리고 작업 중에 사용하는 칼, 매직, 테이프 등을 보관하는 상자도 적절한 모양으로 좋은 위치에 보관되었으면 한다.

◀ 정리정돈을 통한 물류환경의 시스템화 ▶

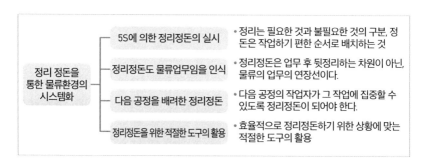

05 물류기기 도입을 통한 시스템화

물류센터에는 물류업무를 지원하기 위한 각종 물류기기들이 있다. 업무의 환경과 상황에 맞는 물류기기를 잘 활용함으로써 엄청난 작업효과를 가져다줄 수 있게 된다.

지게차로 한번에 이동할 수 있는 것을 사람이 손으로 들어서 옮긴다면 엄청난 노동력이 들게 되는 것이다. 이처럼 물류업무에는 지게차의 예와 같이 적절한 도구를 사용함으로써 작업효율을 크게 가져다줄 수 있는 물류기기들이 많이 있다. 아래의 각종 물류기기를 제품의 특성과 물류센터의 여건에 맞게 적절하게 활용할 수 있어야 하겠다.

1) 운반도구
팔레트, 대차, 핸드팔레트, 롤테이너, 돌리형대차, 자바라컨베이어 등.

2) 보관설비
파렛트랙, 선반랙, 슬라이딩랙, 플라스틱 컨테이너, 단프라박스 등.

3) 전동운반장비

지게차, 구동컨베이어, 수직반송기 등.

4) 자동포장기

제함기, 테이핑기, 벤딩기, 실링기, 랩핑기 등.

5) 자동화장비

디지털피킹시스템, 자동창고, 오토소터기, 박스분류기, 오토피커, 회전랙 등.

6) 자동인식장비

바코드프린터기, 유무선스캐너, PDA, RF핸디터미널, RFID 등.

◀ 물류기기 도입을 통한 시스템화 ▶

06 소프트웨어 도입을 통한 시스템화

물류 소프트웨어로는 WMS 물류센터관리시스템, TMS 수배송관리시스템, OMS 주문관리시스템 와 같은 소프트웨어가 있다. 물류소프트웨어로서 가장 많이 사용되는 것이 WMS 창고관리시스템 이다.

물류센터의 정보처리를 위한 각종 소프트웨어가 존재하고 있다. 이러한 소프트웨어는 눈에 보이지는 않지만, 물류센터의 가장 근간을 이루는 물류 시스템이 된다. 입출하검품, 재고관리, 출고관리, 차량관리, 인력관리, 생산성관리 등 물류센터 전 영역의 업무가 바로 이러한 물류소프트웨어를 통해서 진행이 되고 있다.

초기 물류센터의 정보시스템은 본사에서 사용하는 ERP시스템에 의해서 물류 정보처리를 실시하게 된다. 그렇지만 물류센터에서의 물동량과 아이템이 늘어나게 되면서 점점 업무는 복잡해지고 작업생산성은 떨어지게 된다. 기존 ERP체제에서는 더 이상의 한계를 느끼게 되며 물류 업무를 보다 전문성 있게 독립적으로 운영하고자 하는 요구가 생겨나게 되는 것이다.

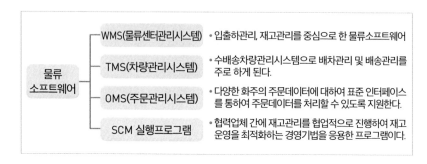

◀ 물류 소프트웨어의 종류 ▶

물류 소프트웨어		
	WMS(물류센터관리시스템)	• 입출하관리, 재고관리를 중심으로 한 물류소프트웨어
	TMS(차량관리시스템)	• 수배송차량관리시스템으로 배차관리 및 배송관리를 주로 하게 된다.
	OMS(주문관리시스템)	• 다양한 화주의 주문데이터에 대하여 표준 인터페이스를 통하여 주문데이터를 처리할 수 있도록 지원한다.
	SCM 실행프로그램	• 협력업체 간에 재고관리를 협업적으로 진행하여 재고운영을 최적화하는 경영기법을 응용한 프로그램이다.

CHAPTER 10 **물류시스템화를 통한 생산성의 향상**

07 물류시스템화의 추진방향

물류의 시스템화를 추진하는 것은 결국 물류의 목적을 달성하기 위함이다. 물류의 목적인 물류서비스의 향상과 물류비 절감의 측면에서 볼 때, 시스템화의 추진목적은 작업 정확도의 향상과 인건비의 절감, 이 두 가지가 가장 중요한 추진방향이 되어야 할 것이다.

그렇지만 이 두 가지 항목을 달성하기 위해서는 곧바로 정확도의 향상과 인건비의 절감을 추진하기보다는 '누구나 쉽게 일할 수 있는 환경'을 마련하는 것이 더 중요한 추진방향이 된다.

인력을 확보하기가 어려우며, 물동량의 변동이 심한 것이 물류의 특성임을 감안할 때 누구나 쉽게 일할 수 있도록 작업환경을 단순화하여야 할 것이며, 물류환경의 변화에 적응하기 편한 유연한 물류시스템을 만들어야 할 것이다. 물류 시스템화의 추진방향은 아래와 같다.

1) 누구나 쉽게 일할 수 있는 환경의 마련

물류시스템의 추진방향으로 가장 중요한 점은 미숙련자도 간단한 교육만으로도 작업에 관련된 내용을 쉽게 이해할 수 있어야 한다. 작업자는 복잡하게 일해서는 안 되고 최대한 단순히 정해진 규칙에 따라서 업무가 진행되도록 하여야 한다.

물류의 운영에서 가장 어려운 점은 바로 인력관리의 문제일 것이다. 즉 인력을 어떻게 활용하느냐가 물류운영의 중요한 과제가 된다. 즉 사람을 통하여 물류 서비스도 창출되며, 물류비용도 절감되게 된다.

인력관리는 두 가지 측면에서 보아야 할 것이다. 첫째는 보다 적극적인 면에서 인력 절감, 즉 인당 최대의 생산성을 통한 물류비용의 절감을 추진해야 할 것이다. 둘째는 물류센터가 외곽지역으로 옮겨가면서 인력수급이 어려워지고 있는데, 누구나 쉽게 일할 수 있는 환경을 마련해야 할 것이다. 이러한 물류시스템화를 통하여 인력운영 측면에서 비교적 쉽게 구할 수 있는 주부계약직과 같은 인력을 적극적으로 활용하여야 하는 것이다.

2) 작업 정확도의 향상

물류 서비스를 평가함에 있어서 가장 중요한 요소는 정확도이다. 고객인 점포로부터의 주문에 대하여 정확히 제품을 피킹하여 배송하는 것이 물류서비스의 가장 핵심적인 요소가 된다. 즉 주문한 상품을 정확히 배송한다는 것은 너무나 당연한 일이면서도 가장 중요한 물류서비스가 되는 것이다.

고객이 물건을 받았을 때에 결품이 발생한다거나 다른 상품이 배송되었을 때에 고객은 직접적인 불만을 표출하게 된다. 시스템화가 되지 않은 작업 방식에서 작업자들은 착각에 의한 오류를 가장 많이 범하게 된다. 그러므로 물류의 각종 작업에 있어서는 오류가 최소화되도록 로케이션관리를 체계적으로 실시해야 할 것이며, 디지털피킹시스템 및 오토소터기와 같은 자동화시스템의 도입을 통하여 작업의 정확도가 향상될 수 있도록 해야 한다.

물류시스템에서 추구하는 작업정확도는 최대 1/100,000 정도의 에러수준을 목표로 하게 되며, 이 정도의 정확도는 물류센터와 점포 간에 무검수에 의한 납품이 가능하게 하는 수준이 된다.

3) 작업시간의 단축

물류에서 정확도 못지않게 중요한 점이 작업속도이다. 즉 정확한 물류서비스와 더불어서 신속한 작업이 이루어져야 한다. 고객이 원하는 시간에 제품을 배송하기 위해서는 항상 피킹 및 출하 시간에 여유가 있어야 한다.

물류센터 전체 작업 중에서 고객주문을 처리하는 피킹작업이 가장 많은 시간을 차지한다. 이러한 피킹작업에서 가장 많은 시간을 차지하는 행동은 상품을 찾는 것이다. 그러므로 상품을 찾는 데 소요되는 시간을 최소화시켜주므로 피킹시간을 대폭적으로 절감할 수 있다. 즉 수많은 제품로케이션 가운데서 찾고자 하는 로케이션을 찾는다는 것은 상당한 시간이 소요된다. 그러므로 해당 제품의 로케이션을 쉽게 찾을 수 있도록 로케이션코드에 의한 피킹작업이 이루어져야 할 것이다.

더 나아가 디지털피킹시스템과 같이 표시기의 램프만을 보고 제품을 피킹하는 작업방식을 도입하게 되므로 상당한 작업시간 단축을 가져오게 한다. 결국은 물류작업의 시간단축을 위해서는 제품을 찾기 위하여 우왕좌왕하는 Loss시간을 최소화해야 하는 것이다.

4) 공간활용의 효율화

시스템화에 있어서 공간활용이 효율적으로 이루어지도록 하여야 한다. 피킹작업에서는 일반적으로 기존의 수작업 방식의 경우 한 사람이 전체 상품을 대상으로 하여 한 오더씩 피킹작업을 하게 된다.

반면에 시스템화가 되면 자신의 작업구역을 설정하여 해당작업을 전문적으로 하게 된다. 전문 작업구역이 설정되므로 작업자 간에 부닥치는 현상이 없어지게 되므로 공간 활용의 혼란을 최소화시켜 준다. 결과적으로 공간활용의 효율성을 높여주게 되는 것이다.

5) 작업의 유연성 확보

시스템화를 통하여 물동량이 많은 성수기에도 일시적으로 인원을 지원받아서 작업을 실시하면 야근작업 없이 정상근무 시간에 업무를 마칠 수 있게 된다. 그리고 시스템화는 숙련자와 비숙련자 간의 작업 편차를 줄여 작업생산성이 떨어지지 않고 일정하게 유지되도록 한다.

그러므로 물동량의 변동이 심한 물류환경에서 시스템화를 통하여 작업의 유연성을 확보하게 되어 성수기에도 어려움 없이 작업을 할 수 있게 한다.

6) 물류에 대한 자부심을 갖는 계기

물류시스템화는 관리자와 직원들이 자부심을 가지고 물류업무에 종사할 수 있는 계기를 마련해 준다. 기존의 수작업 환경에서는 작업시간이 매일같이 늘어나게 되고, 정확도 등의 전반적인 물류작업의 수준이 떨어지므로 업무에 종사하는 사람들이 자부심을 갖기 어렵게 된다.

그러나 시스템화된 작업환경에서는 체계적인 작업시간의 관리가 가능하며, 정확도 등이 향상되므로 작업자들은 자부심을 갖고 일을 하게 된다.

7) 시스템화를 통한 Paperless화의 추진

피킹리스트 등을 발행하지 않아도 되므로 전산소모품 비용이 절약된다. 즉 매일 발행되는 전산소모품의 발행이 없어지게 된다면 결코 적지 않은 비용이 절감되게 되는 것이다. 발행을 위한 전산용지, 잉크 및 토너, 발행시간, 발행인력, 프린터 감가상각비 등에 있어서도 절감효과가 적지 않다.

08 성수기와 비수기의 물류관리 방안

성수기와 비수기에 따른 작업의 모순점을 해결하기 위한 방안은 누구든지 간단한 교육만 받으면 작업을 수행할 수 있도록 하는 최적의 물류시스템을 구축하는 것이 가장 중요한 해결 방안인 것이다.

1) 물류센터 성수기와 비수기의 개념

물류센터는 엄격히 말하면 유통으로부터의 고객주문에 대하여 충실히 서비스해주는 곳이라고 할 수 있다. 고객의 성향은 한곳에 머물러 있지 않고 다양한 환경과 여건에 따라서 시시각각으로 변화되고 있다. 이러한 변화에 따른 고객의 주문 형태는 선호하는 상품의 아이템과 물동량에 있어서 변화의 폭이 크게 발생하고 있다. 이러한 유통의 상황은 그대로 물류센터에 반영되며 물류에서는 항상 작업량에 있어서 성수기와 비수기가 반복되는 결과를 가져오게 된다. 물류에서의 성수기와 비수기의 형태는 다양한 측면에서 발생한다.

일 단위, 주 단위, 월 단위, 계절 단위 등의 형태에 따라서 성수기와 비수기가 끊임없이 반복되고 있다. 즉 하루의 작업 중에도 바쁜 시간과 그렇지 않은 덜 바쁜 시간이 있다. 그리고 일주일이라는 시간 속에서도 바쁜 날과 덜 바쁜 날은 엄연히 존재하고 있다.

이러한 현상은 한 달이라는 시간 속에서도 존재하며, 봄 여름 가을 겨울의 계절별로도 바쁜 계절과 덜 바쁜 계절이 존재하고 있는 것이다.

물류센터의 물동량이 언제나 동일하다면 어떤 곳이든 물류센터를 운영하기가 쉬울 것이며, 인력과 작업방법에 있어서도 가장 적정한 인력과 방법을 찾아내게 되어 운영이 쉬워질 것이다.

그렇지만 물류센터는 물동량이 고정되어 있지 않고 수시로 변한다는 것이며, 이로 인하여 물류센터에서는 성수기와 비수기가 상존하게 된다. 이러한 비수기와 성수기의 사이에 존재하는 작업편차는 바로 물류비용의 손실과 물류서비스의 하락으로 이어지게 된다.

그러므로 물류센터에 엄연히 존재하는 성수기와 비수기에 대하여 어려워하지 말고 문제점을 정확히 분석한 뒤, 해결방안을 모색해나가야 하겠다.

2) 일반적인 성수기와 비수기의 물류관리

물류센터에서 물류비용을 절감하기 위해서는 결국은 인건비를 통한 절감이 가장 큰 요소를 차지할 것이다. 물류센터에서는 성수기와 비수기가 존재하게 되는데, 이를 해결하기 위한 방안으로 일반적으로는 평균치보다 약간 상회하는 수치의 인력을 운영하는 경우가 많다.

이러한 운영방식은 비수기에는 여유 있게 인력을 운영하는 결과가 발생할 것이며, 성수기에는 인력이 부족하여 야근으로 대처하는 방식을 선택하게 되는 것이다. 결국 비수기 시점에서 쉬게 되는 인력은 회사로 볼 때 손실이 될 것이며, 성수기 때의 야근작업은 비용상승과 더불어 출하지연과 작업 정확도의 하락을 초래하게 된다.

물류시스템화가 되어 있지 않은 곳에서는 오랫동안 그 일을 해왔던 베테랑 작업자가 아니면 해당 되는 그 일을 하기가 어렵게 되어 있다. 그 사람이 아니면 안 되는 작업의 형태에서는 예상치 못할 성수기 상황을 대비하여 여유 있는 인력을 가져가게 한다. 그리고 준비된 인력을 초과하는 업무량이 발생하게 되면 곧바로 야근작업으로 이어지게 되는 것이다. 이러한 인력의 남는 현상과 모자라는 현상으로 인하여 발생하는 현상은 결국 모든 것이 인건비의 상승으로 이어지게 되는 것이다.

3) 성수기와 비수기의 해결방안

성수기와 비수기에 따른 작업의 모순점을 해결하기 위한 방안은 '최적의 물류시스템'을 구축하여 그때그때 필요한 만큼의 인원을 투입하는 것이 바람직할 것이다. 누구나 쉽게 적응 가능한 물류시스템을 만들어 놓고 당장 사람이 바뀌어도 원활하게 움직일 수 있도록 물류시스템을 갖추어야 할 것이다.

물류시스템이 잘 갖추어진 일본의 한 물류센터에서는 센터장 1명 외 모두가 파트타임 인력으로 구성된 곳도 있었다. 최소한의 기본인력은 고정시켜 놓은 상태에서 매일 같이 변동되는 작업량의 편차에 대하여서는 그때그때 필요한 인력을 충당하여 운영한다는 것이다. 매일 같이 변동되는 물동량을 사전에 예측하여 꼭 필요한 만큼의 인력을 충원하여 사용하는 것을 의미한다.

이러한 운영을 가능케 하는 것은 누구든지 간단한 교육만 받으면 작업을 수행할 수 있도록 하는 최적의 물류시스템을 구축하는 것이 가장 중요한 해결 방안인 것이다. 이와 같이 물류센터에서 존재하는 성수기와 비수기의 물동량 편차를 해결하는 방법은 최적의 물류시스템 구축을 통한 인력의 탄력적인 운영이 되는 것이다. 결국 최소한의 인력을 고정시켜 놓고 변동되는 상황에 따라서 인력을 늘렸다가 줄였다 하면 되는 것이다.

4) 성수기의 탄력적인 인력 운영방안

성수기의 인력을 탄력적으로 가져가기 위한 방법으로는 아래와 같은 방법을 들 수 있겠다. 아래와 같은 인력을 필요한 시점에 확보하여 사용하기 위해서는 간단한 교육만으로 쉽게 적응할 수 있는 물류시스템의 환경을 만들어야만 한다.

❶ 인력회사를 통하여 추가로 필요한 인력을 충원받는다.
❷ 물류센터 내에서 사무직원으로부터 인력의 지원을 받는다.
❸ 본사로부터 성수기 상황을 지원할 수 있는 인력을 지원받는다.
❹ 일정한 물동량을 분리하여 전문물류회사 및 임가공회사에서 처리하도록 한다.

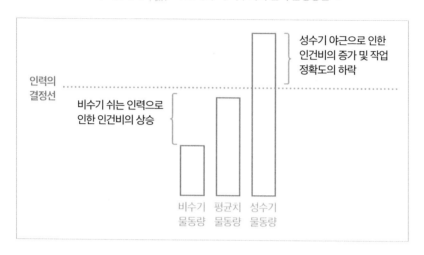

❖ **베테랑 작업자 외에는 작업을 할 수 없으므로 성수기와 비수기에는 인력으로 인한 물류비용의 손실이 발생하게 된다.**

◀ 시스템화된 곳의 성수기 비수기의 인력 운영방안 ▶

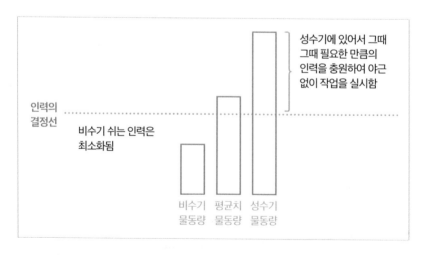

❖ 누구나 쉽게 작업할 수 있는 최적의 물류시스템을 만들어서 그때그때 필요한 인력을 충원하여 작업을 실시함.

09 물류시스템의
도입 전후 효율성 비교

　최적의 물류시스템이 잘 갖추어져서 물류가 운영되는 곳과 그렇지 않은 곳은 아래와 같이 작업의 효율성에서 차이를 보인다. 그러므로 물류센터에서는 물류환경에 맞는 최적의 물류시스템을 구축하기 위하여 끊임없이 노력하여야 할 것이다.

도입전	도입후
❶ 성수기에 대비한 전문숙련 인원이 상시 필요함	비수기 시는 최소인력으로 운영하며, 성수기 시는 파트타임으로 대처하여 인력을 조정할 수 있음
❷ 작업의 어려움으로 인해 인력의 수급이 어려움	파트타임, 아르바이트, 용역직원 등의 인력을 자유롭게 활용할 수 있음
❸ 피킹오류가 많이 발생하여 출하처에 대한 물류서비스의 저하	피킹오류가 기존 대비 현격히 줄어들어 출하처에 대한 서비스의 향상
❹ 거래처수 및 물동량 증가에 따른 대처가 유연하지 못함	거래처수 및 물동량 증가에 따른 대처가 용이함
❺ 피킹 및 분배 오류 누적으로 인해 실재고와 전산재고의 상이함 발생 (판매기회의 손실 발생)	정확한 피킹과 분배가 이루어지므로 실재고와 전산재고의 일치율이 높음 (판매기회의 손실 최소화)
❻ 잦은 야근과 작업의 어려움으로 작업자들의 피로도가 높으며, 그로 인해 근무의욕이 저하됨	정시에 항상 작업을 마칠 수 있으므로 작업자들의 피로도가 훨씬 줄어들게 됨

· · ·

물류마인드의
향상을 통한
물류의 발전

01 물류실천 방안

물류의 실천방안은 깊이 고민하여 그 해답을 찾고, 해답을 찾게 되면 과감히 실천해야 하는 것이다. 과정을 반복적으로 해나감에 있어서 근간이 되는 사고개념은 '시스템에 관점을 둔 합리적인 사고'가 중심에 있어야 한다.

물류는 무엇보다도 실천을 중요시하는 실천학이라고도 할 수 있겠다. 즉 물류는 이론보다 실천이 중요한 분야이다. 물류의 실천은 다음과 같은 단계를 통하여 진행하였으면 한다.

❖ **물류실천 3단계/고민하고(?) → 느끼고(!) → 실천한다(Enter)**

1) 고민하는 단계

고민한다는 것은 '?'를 던지는 단계로 건전하고 발전적인 고민을 계속한다는 것을 말한다.

2) 느끼는 단계

느낀다는 것은 '!'를 만드는 단계로 '아, 이것이구나!' 하는 느낌, 즉 감Feel 이 와야 하는 단계이다. 고민에 대한 해답Solution 을 찾게 되는 과정을 말한다.

3) 실천하는 단계

실천하는 단계로 실행에 옮기는 것으로 'Enter'를 치는 단계를 말한다. 즉 해답Solution 을 실천해나갈 때 물류센터는 실질적인 개선으로 나아가게 된다.

이러한 3단계 실천과정이 계속 반복되는 일련의 행위가 바로 물류실천공식이 되는 것이다. 처음부터 바로 실천해서는 안 되고 깊이 고민하여 그 해답을 찾고, 해답을 찾게 되면 과감히 실천해야 하는 것이다.

그리고 이러한 3단계 과정을 반복해 나감에 있어서 근간이 되는 사고개념은 '시스템에 관점을 둔 합리적인 사고'가 되어야 하는 것이다.

◀ 물류실천의 3단계 ▶

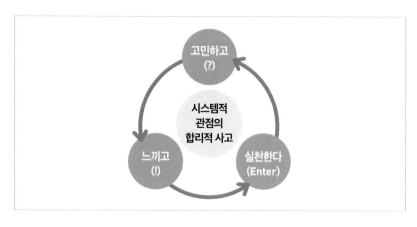

02 물류실천을 위한 센터장의 역할

물류센터장의 역할은 전체가 인정하는 객관적인 원칙Rule 을 만들어가는 것과 원칙Rule 에 따라 문제점을 개선하는 역할을 수행하는 것이다.

센터장은 물류센터에서 가장 큰 역할과 책임을 담당하고 있는 사람이다. 센터장에게 가장 어려운 문제는 결국 인간관계에 따른 인력관리가 될 것이다. 센터장 밑에는 부서별 담당자가 있고, 그리고 사무직원, 현장직원, 아르바이트 등의 많은 인원들이 배치되어 있다. 이러한 인력들을 원활하게 관리해나가기 위해서 다음과 같은 센터장의 역할이 있음을 인식하여야 할 것이다.

1) 전체가 인정하는 객관적인 원칙Rule 을 만들어가는 역할

물류센터의 많은 사람들을 원활하게 잘 이끌어가기 위해서는 무엇보다 Rule 원칙 이 있어야 한다. '누구나가 인정하는 객관적인 Rule 원칙 을 만들어가는 문화'가 물류센터 인력관리에 있어서 중요한 요소가 되는 것이다. 인력 관리는 Rule 원칙 에 의해서 이뤄져야 하는 것이다. 정해진 Rule 원칙 이 만들어져 있지 않으면 많은 부분의 판단이 센터장의 감정에 따라 진행되는 경향이 있다.

2) 원칙 Rule 에 따라 문제점을 개선하는 역할

작업 중 문제가 발생하면 현장에서 즉시 주의를 주어서 고쳐야 한다. 그 시점에 내려지는 주의의 기준은 모두가 함께 동의한 객관적인 원칙 Rule 이 되어야 하는 것이다. 반대로 객관적인 원칙 Rule 이 없어서 주의를 주지 않거나, 대충 넘어가게 되면 나중에 가서는 그로 인한 문제가 훨씬 더 확대되는 것이다.

즉 현장에서 발생하는 모든 문제점은 현장에서 즉시 고쳐져야 한다. 그렇게 할 수 있는 것이 바로 센터장의 능력이며, 권위인 것이다.

◀ 물류센터장의 역할 ▶

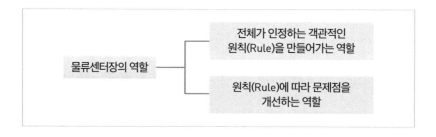

03 물류실천의 사례

현장을 중심으로 한 개선 활동들이 적극적으로 물류 시스템에 반영되어야 할 것이다. 이러한 토대 위에 WMS 물류센터관리시스템 와 TMS 차량관리시스템 와 같은 물류정보시스템도 성공적으로 만들어지게 된다.

물류운영을 잘하는 회사란 어떠한 회사일까? 즉 물류센터의 운영을 체계적으로 잘하는 회사를 말하는데, 물류가 잘 운영되고 있는 회사들에서는 다음과 같은 몇 가지 공통점을 발견할 수 있다.

1) 팀장제도를 통한 지속적인 물류실천

팀별로 개선사례를 발표하도록 한다는 것은 팀장을 선정하여 해당 팀별로 단합된 모습으로 일을 할 수 있는 계기를 마련해주고, 모임 토론에서 나온 각종 개선사례를 물류 운영에 지속적으로 반영해나간다. 이러한 팀장을 중심으로 물류의 개선사례를 연구하게 하는 모임을 적극적으로 추진해나가고, 거기에서 도출된 내용을 정리하여 하나씩 실천해 나간다면 물류는 엄청난 변화가 생기게 될 것이다. 5S운동을 팀별로 진행해나가는 것도 바람직한 실천활동이 될 것이다.

2) 물류실천에 따른 인센티브제도

물류를 잘 운영하기 위해서는 위에서 나온 개선사례들에 대하여 인센티브제도를 적절히 도입하여 잘하는 팀들에 평가에 따른 보상을 해준다는 것이다. 물류센터에서 근무하는 각 개인들에게 인센티브를 주면 개인에게도 동기부여가 되겠지만 결국은 회사에 보다 큰 이익을 가져다주게 된다.

3) 지속적인 물류교육의 실시

물류를 잘 운영하는 회사는 정기적으로 물류교육을 실시한다. 앞에서 설명한 팀별 개선활동은 자발적인 개선활동이라 할 수가 있는데, 이러한 활동들이 꾸준히 지속적으로 발전시키기 위해서는 외부 혹은 내부로부터의 교육이 수반되어야 할 것이다.

위에서 설명한 3가지 사항, 즉 '팀장제도를 통한 지속적인 물류실천', '물류실천에 따른 인센티브제도의 도입', '지속적인 물류교육의 실시'를 실천하는 회사가 물류를 잘 운영해나가고 있는 회사의 공통점이 될 것이다.

◀ 물류운영의 실천사례 ▶

물류운영을 잘하는
회사의 공통점

팀장제도를 통한 지속적인 물류실천

물류실천에 따른 인센티브 제도

지속적인 물류교육의 실시

04 물류센터의 인력관리 노하우

물류센터의 운영에 있어서 작업인력을 어떻게 관리할 것인가 하는 것은 중요하면서도 어려운 점이다. 최근에는 물류센터에서 직원들이 줄어들고 계약직이 늘고 있는 것이 현실이다.

물류비용을 절감하기 위해서 가능한 한 계약직 비정규직을 활용하게 된다. 그런데 계약직 파트타임의 작업자가 많아지면 일을 책임지고 관리할 수 있는 인력이 부족해지게 된다. 이러한 어려움을 극복하기 위한 방안으로 다음과 같은 방법을 제시한다.

1) 계약직에게도 팀장제도를 적극적으로 활용하자

최근 물류센터에서 근무하는 인력의 대다수가 주부계약직인데, 이들의 경우 학력수준이 상당히 높다. 책임감 있게 일할 수 있는 사람을 세워서 조장, 반장, 파트장 등과 같은 팀장제도를 만들게 된다면 상당히 일을 조직적이고 효율적으로 하게 될 것이다. 이러한 역할을 맡은 각각의 팀장들에게는 그 일에 상응하는 인센티브를 반드시 주어야 할 것이다.

2) 세부업무별로도 팀장제도를 활용하자

팀장제도는 업무영역을 세부 파트별로 구분해서 운영하는 것이 바람직하다. 예를 들면 입출하팀, 피킹팀, 반품팀, 유통가공팀, 운반팀 등이 있을 수 있다.

3) 현장 계약직도 직원처럼 근무하게 하자

물류센터를 운영함에 있어서 계약직들을 단순히 아르바이트로만 보아서는 안 될 것이다. 비록 근무조건은 계약직으로 되어있지만 일할 때는 직원과 같이 대해주는 것이 훨씬 효과적인 인력관리가 되는 것이다. 현장에서 일하고 있는 그들도 비록 계약직이지만 직원처럼 근무하기를 원할 것인데, 이를 잘 활용해야 할 것이다.

계약직들을 직원처럼 대우해 주기 위한 방법들로 직원과 동일한 유니폼을 맞추어주고, 호칭도 가능한 직책으로 불러주도록 해야 할 것이다.

4) 운송기사들 중에도 팀장을 선임하자

운송을 담당하는 용역회사 배송기사들의 경우도 그 가운데 팀장을 두어서 운송의 전체적인 관리를 하도록 하는 것이 바람직할 것이다. 팀장은 각 차량들의 청결관리 및 기사별 휴무에 대한 대리운전을 맡게 된다.

5) 물류센터에 부대시설을 잘 갖추자

누구나 쉽게 일할 수 있는 물류환경과 물류시스템을 만들어 주고, 휴게실, 샤워실, 냉온설비, 음악시설 등과 같은 부대시설들을 잘 갖추어 놓는 것도 필요하다. 물류센터에서 아무리 시스템이 잘 갖추어져 있다 하더라도 그것을 효과적으로 사용하는 것은 사람에 의해서 완성된다.

물류센터에서 사람을 효율적으로 잘 관리하기 위해서는 직원이든 계약직이든 차별 없이 조직별로 팀장제도를 마련하여 관리하는 것이 바람직할 것이다.

05 물류에 대한 인식전환

기업에서 물류센터는 병참기지와 같은 역할을 담당하고 있으므로, 물류가 원활하게 움직일 때 기업은 전쟁에서 승리할 수 있게 된다.

과거 우리는 물류센터를 흔히 창고라는 개념으로 인식하고 있었다. 타 부서에서 밀려나서 가는 곳이 물류부서라고 할 정도로 물류센터에 대한 인식은 좋지 않았다. 근래 들어서는 많은 기업들이 물류에 대한 중요성을 인식하기 시작하였다.

그동안 물류센터를 단순히 제품을 쌓아두었다가 출고시키는 단순창고의 개념에서 벗어나지 못한 것이 현실이었다. 이제부터 기업을 제대로 인식하기 위하여 다음과 같은 물류의 중요성이 있음을 인식하여야 할 것이다.

1) 물류는 전쟁을 승리로 이끄는 병참기지 역할

물류는 영어로 로지스틱스Logistics 란 단어를 사용하는데, 이것은 군대에서 사용하는 용어로 병참이라는 뜻을 가지고 있다. 병참이란 말은 군대에서 전쟁을 수행할 때에 군수물자를 보급하는 군수창고를 의미하는 말로서 일종의 군부대 물류센터를 말한다.

이러한 병참기지로부터의 물자공급이 원활하게 이루어지느냐에 따라 전쟁의 승패가 좌우되게 된다. 그러기 때문에 직접 맞서서 싸우는 전쟁보다는 물자보급로를 차단하는 작전을 펼쳐서 전쟁을 승리로 이끄는 경우가 많다.

2) 물류는 생산과 판매의 가교역할

물류는 판매로부터 각종 정보를 잘 분석하여 생산부서에는 계획생산을 유도할 수 있으며, 영업부서에는 적기에 적량을 배송하게 하여 판매 극대화를 가져올 수가 있다. 이처럼 물류는 기업의 이윤추구에 있어서 중요한 위치에 놓여있으며, 생산과 판매의 중간 접점에서 계획생산과 적기 정량의 제품공급을 조율해 나가게 된다.

이는 마치 축구에서 미드필드 포지션으로 공격과 수비를 잘 조율하게 되는 것과 동일하다. 이와 같이 중요한 역할을 하고 있는 곳이 물류임에도 불구하고 물류를 소홀히 본다면 그것은 한 마디로 기업의 이윤을 포기하겠다는 것과 다를 바 없는 것이다.

◀ 물류에 대한 인식전환 필요 ▶

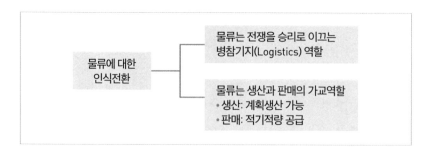

CHAPTER 11 물류마인드의 향상을 통한 물류의 발전

06 물류지능지수를 통한 물류인식 변화

물류란 아무나 하는 것이 아닌 철저히 물류적인 사고와 마인드 그리고 능력을 갖춘 사람이 물류업무에 배치되어야 할 것이다. 물류에 적합한 사람이 열심히 물류 일을 진행해 나갈 때, 비로소 그 기업이 필요로 하는 진정한 물류전문가도 양성될 수 있다.

사람의 지능지수를 가리키는 IQ라는 말 외에도 감성지수를 가리키는 EQ, 영성지수를 가리키는 SQ와 같은 말이 있다. 이와 같이 물류에도 물류지능지수인 LQ Logistics Quotient 지수가 있을 수 있지 않을까 한다.

이 물류지능지수는 바로 물류라는 업종에 적합한 사람을 선택하는 기준이 될 것이다. 물류를 잘할 수 있는 사람은 교육으로 만들어질 수 있겠지만 선천적으로 적합한 능력과 성향이 타고나야 한다고 볼 수 있다. 가령 어떤 사람의 경우 영업적으로는 뛰어나지 못해도 물류업무에서는 자신의 능력을 발휘하는 사람이 있다.

반면에 그와는 반대로 물류업무에서는 자신의 능력을 발휘하지 못하지만, 영업에서는 뛰어난 사람이 있을 수 있다. 이러한 점에서 물류업무를 잘하기 위해서는 우선 물류 고유의 자질과 능력이 있어야 한다는 것이다. 물류지수 LQ지수 평가에서 평가 기준이 되는 요소를 정리한다면 다음과 같은 항목들이 있겠다.

1) 전체를 보는 합리적인 사고

물류는 여러 공정이 함께 맞물려서 공정 간에 연계되어서 작업이 진행되고 있다. 그러한 점에서 물류는 트레이드오프관계, 즉 상충관계에 놓여 있게 된다. 그러므로 물류 서비스와 물류비용의 상충관계에서 최적의 판단을 할 수 있는 합리적인 마인드가 필요한 것이다.

2) 정리정돈에 대한 마인드

물류는 무엇보다 늘 정리정돈이 필수적으로 생활화되어 있어야 한다. 제품의 입출고, 재고관리 등의 업무가 효율적으로 이루어지기 위해서는 눈으로 보이는 정리정돈이 잘되어야 한다. 정리정돈의 상태는 그 물류센터의 수준을 평가하는 척도가 되기도 한다.

물류의 시스템화, 체계화, 효율화가 잘되어 있는 곳은 마지막 결과로 정리정돈도 잘된 모습으로 나타나게 된다.

3) 물류벤치마킹의 마인드

물류는 늘 새롭게 변화하고 있다. 고객의 다양한 요구에 대하여 유통이 변화되는 만큼 물류도 함께 변화되어야 한다.

물류는 이러한 변화 속에 지속적으로 발전해나가기 위해서는 타사의 좋은 점을 벤치마킹 할 수 있어야 한다. 나 혼자만의 노력과 개선으로는 자칫 '우물 안의 개구리'가 되기 쉽다. 타사의 좋은 점을 적극적으로 받아들이기 위하여 꼭 동종업계만을 고집할 필요는 없다. 업종이 달라도 오히려 배울 것이 많은 곳들이 많이 있다고 본다.

과거 삼성전자가 영업력 강화를 위해 벤치마킹의 대상을 일본의 세븐일레븐으로 선정한 경우도 있다. 그리고 각종 국내외의 물류전시회 같은 곳을 통해서도 여러 가지를 벤치마킹 할 수 있을 것이다.

4) 물류 시스템화 마인드

물류는 동일한 작업이 반복되는 곳이다. 제품의 입출고, 입출하검수, 재고 관리 등과 같이 매일 반복되는 업무는 시스템화하여 최적의 효율을 내도록 하여야 한다. 작업의 LOSS를 최소화하고, 필요한 업무에만 집중할 수 있는 물류시스템을 만들어야 할 것이다.

5) 프로세스 전체흐름을 읽을 수 있는 안목

물류는 여러 단계의 프로세스가 물 흐르듯이 진행되고 있다. 입하, 입고, 보관, 출고, 출하, 포장, 유통가공, 정보처리 등의 업무들이 서로 연결되어서 업무가 진행되고 있다.

물류는 부분적인 최적화가 아닌 전체적인 최적화를 이루어야 한다. 업무가 중간에 멈추지 않고 흘러야 하며, 프로세스와 프로세스 간에 간섭이나 장애와 같은 모순점이 없어야 한다.

그리고 작업의 균등화로 작업 LOSS가 최소화되어 작업생산성이 올라가야 한다. 이와 같이 물류는 부분 최적화가 아닌 전체적인 최적화를 달성할 수 있는 프로세스 전체를 읽을 수 있는 안목을 가져야 한다.

6) 물류서비스 향상 마인드

물류는 유통이 원활히 잘 돌아갈 수 있도록 뒷받침을 잘해주어야 한다. 물류는 철저하게 서비스 마인드를 가지고 제품의 유통이 잘 이루어질 수 있도록 물류서비스의 수준을 향상시켜 나가야 할 것이다.

7) 물류비용절감 마인드

물류의 목적 중의 하나인 물류비용을 절감하기 위한 노력을 끊임없이 해야 할 것이다. 물류비용의 절감은 원가절감과 순이익의 증대로 이어지게 되어 기업의 제품 경쟁력을 향상시켜주게 된다.

결과적으로 물류를 잘하는 사람이 되기 위해서는 위에서 설명한 항목에서 물류지능지수LQ지수가 높게 나와야 할 것이다. 위에서 나열한 항목들 중 자신에게 부족한 것이 있다면 잘 체크해서 보완해야 할 것이며, 만약 너무 많은 항목에 걸쳐 부족한 점이 있다면 물류전문가로 성장하기에는 어려울 수도 있다. 최소한 물류책임자로서 센터를 운영하려면 물류에 맞는 능력과 사고력을 갖춘 사람이어야 할 것이다.

07 5S 물류개선운동의 정의

    5S운동은 물류센터뿐만이 아니라 생산공장, 사무실, 점포 등에서도 널리 적용되고 있다. 얼핏 보기에는 쉽게 보일는지 몰라도 도요타에서는 이러한 정리정돈을 기본으로 하여 다양한 물류관리 기법이 연구되고 있다.

1) 정리整理: 세이리

필요한 물건과 불필요한 물건을 분리하여 필요한 물건만을 두는 일

Organization: Take out unnecessary items and throw them away

2) 정돈整頓: 세이돈

정리한 물건을 사용하기 편리하도록 로케이션 번호 등을 붙여서 필요한 순서대로 물건을 배열하는 일 Neatness: Arrange necessary items in a proper order so that they can be easily picked up for use

3) 청소 清掃: 소오지

일을 편하게 하고 안전하게 하기 위하여 깨끗하게 하는 것Cleaning: This is to make clean the existing facilities and working area in order to find out the defects earlier

4) 청결 清潔: 세이케츠

정리, 정돈, 청소의 상황을 유지시키는 일Standardization: Maintain a high standard of house keeping and workplace organization at all times

5) 습관화 習慣: 시츠케

결정된 일에 대하여 올바르게 지키도록 몸에 습관화하는 것Discipline: All person can obtain the spirit and behavior of "KEEP THE RULES" through 5S Movement

위에서 1~4가지 항목을 중심으로 개선운동이 전개될 때에는 4S운동이라고 하며, 여기에 습관화를 추가할 때 5S개선운동이 된다.

이러한 5S운동이라는 물류관리는 도요타를 통해서 일방적으로 배우는 것보다는 위의 5가지 사항을 기본으로 개념을 잘 정립하여 각 회사에 맞게 끊임없이 연구하여 방법론을 만들어 가는 것이 올바른 방향이라 생각한다.

08 5S 물류개선운동의 의미

5S운동을 성공적으로 실천하여 성과를 거두기 위해서는 다음과 같은 점을 유의해 진행하여야 할 것이다. 5S운동은 내용의 의미를 제대로 이해하고 실천하게 된다면 엄청난 성과를 가져다줄 수 있게 될 것이다.

1) 가장 안정적인 투자

물류센터에서 돈을 투자하지 않고 가장 안정적이면서 효과적으로 성과를 올릴 수 있는 것이 5S 물류개선운동일 것이다. 많은 기업들이 5S 물류개선운동 현수막을 걸어놓고 시작하는 기업들은 많지만 5S운동의 의미를 제대로 이해하고 실천하는 곳은 많지 않은 것 같다.

2) 정리단계에서 50% 이상이 좌우된다

5S운동의 시작은 버리는 것에서부터 시작된다. 정리는 필요 없는 것과 필요한 것을 구분하여 필요 없는 것을 버리는 것인데, 이 첫 번째 단계에서부터 제대로 시작을 하지 못하면 5S운동이 단지 구호에 그치고 말게 된다. 정

리 단계에서 버리는 것을 제대로만 한다면 50% 이상은 성공하였다고 볼 수 있다. 그만큼 정리단계에서 필요 없는 것을 버리는 것이 중요하다고 하겠다.

3) 필요 없는 것의 기준을 잘 정해야 한다

필요 없는 것의 기준을 정하기가 어려워서 많은 기업의 담당자들은 제대로 버리지 못하고 두는 경향이 많다. 일본의 컨설턴트업계에서는 "반 정도 필요하면 버려라"라는 말이 있다. 필요한지 불필요한지 잘 판단이 안 되어 절반 정도 필요성을 느끼게 된다면 그것은 버려도 된다는 것이다.

그만큼 필요한 것과 필요치 않은 것에 대한 기준이 업체들마다 처해 있는 여건과 환경에 따라서 주관적이라고 할 수 있다.

자신의 물류센터에 맞는 기준을 정한다는 것이 무엇보다 중요하다고 생각한다. 기준도 없이 필요 없는 것을 버리자고 했을 때는 제대로 아무것도 버리지 못하게 되거나, 잘못해서 필요한 것마저도 버리게 되는 것이다.

4) 5S운동은 끊임없는 지혜와 노력이 중요함

5S 물류개선운동은 도요타의 공장물류에서 시작한 물류개선운동이다. 사람의 지혜와 아이디어에 의해서 끊임없이 노력하는 운동을 계속해서 반복하고 있다. 도요타는 90년 초부터 시작된 장기불황 속에서도 세계적인 자동차 기업으로 성장한 데에는 5S운동이 밑바탕이 되었다고 할 수 있겠다.

한국의 많은 업체들이 도요타를 통하여 5S운동을 배워오고 있다. 그렇지만 지속적인 실천이 중요한 이 5S운동을 단기에 성과를 얻으려고 하다 보면 중도에 그만두는 경우가 많은 것이 현실이다.

09 정리를 잘하는 방법

5S운동을 제대로 실천하게 되면 기업에 엄청난 효과를 가져오게 되는데, 그 첫 단추가 되는 것이 정리단계이다. 정리단계를 제대로 하게 되면 50% 이상 달성되었다고 할 수 있으며, 더 나아가 다음단계인 정돈, 청소, 청결, 습관화를 쉽게 할 수 있게 된다.

물류센터는 정리정돈만 제대로 되어 있어도 물류의 작업생산성은 엄청나게 올라가게 된다. 이러한 점에서 정리를 어떻게 해야 할 것인가에 대한 기준이 되는 방법을 아래와 같이 설명하도록 하겠다.

1) 필요한 것과 필요 없는 것의 정량적인 기준을 설정

필요한 것과 필요 없는 것을 판단하기 위해서 각 사별로 기준안을 만들어야 한다. 여러 가지 방안이 있을 것인데 예를 들면 1년 동안 한 번도 팔리지 않은 제품, 현재 판매되는 유행에서 벗어난 제품 등 나름대로의 기준을 정하여 기준에 따라서 과감히 버려 나가야 할 것이다.

2) 필요 없는 것을 끄집어내는 방식보다 필요한 것만 다시 집어넣는 방식이 효과적임

사람이 심리적으로 필요 없는 것을 선반에서 꺼내는 방식보다, 선반에서 모든 물건을 바닥에 내려놓고 필요한 것만을 다시 진열하는 방식이 훨씬 효과적으로 버리게 되는 결과를 가져온다.

3) 과거 기준에서 벗어나 현재 시점에 기준을 두어야 함

과거에 제품을 구매할 때에는 나름대로 필요에 의해서 구매를 하였기에 생각의 기준을 과거 집착하면 결국 버릴 것이 아무것도 없게 된다. 현재라는 관점에서 이 제품의 필요성을 냉철하게 판단할 수 있어야 하겠다.

4) 공간이 비용이라는 사실을 인식해야 함

물류비의 항목에는 보관비라는 항목이 있다. 1년 동안 한 번도 판매되지 않고 선반에 제품이 놓여 있게 될 경우에 보관비를 계산해보면 제품가격보다 훨씬 더 많은 비용을 치르고 있는 제품도 많게 된다.

물류센터의 전체 보관면적에 대하여 각 로케이션별로 월 보관비를 계산하여 제품원가와 비교해보면 보관에 소요되는 비용이 적지 않다는 사실을 발견하게 될 것이다. 물류센터는 공간이 비용이라는 인식을 철저히 가져야할 것이다.

5) 필요 없는 재고는 결국 필요한 제품에 직간접적 악영향을 끼치고 있음을 인식

필요한 제품과 필요 없는 제품이 함께 혼재되어 있으면 필요한 제품들이 제대로 관리되지 못하는 결과가 초래된다. 그러므로 불필요한 제품만의 문제가 아닌 필요한 제품에까지 악영향을 초래하여 전체 재고관리를 나쁘게 하는 결과를 가져온다.

◀ 정리 잘하는 방법론 요약 ▶

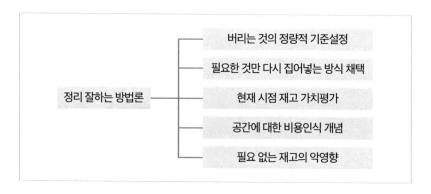

CHAPTER 11 물류마인드의 향상을 통한 물류의 발전

10 물류수준 평가의 기준은 정리정돈에 있다

물류센터를 평가하는 척도에서 가장 많이 적용되는 말이 정리정돈이다. 특히 물류분야의 전문가 혹은 물류컨설턴트에게 물어보았을 때 대부분은 그 회사의 물류수준을 평가하는 기준으로서 정리정돈을 말한다.

물류를 웬만큼 알고 있다고 하는 전문가들은 결코 비용을 많이 들여서 설치한 물류자동화기기를 놓고 그 회사의 물류점수를 높게 주지는 않는다. 오히려 고가의 물류장비에 대해서는 누구나 돈만 있으면 할 수 있는 것이 아니냐고 말한다.

1) 물류의 수준은 누구나 쉽게 할 수 있는 정리정돈에서 출발

돈을 들이지 않고도 잘할 수 있는 것을 잘해나갈 때에 그 회사의 물류수준을 높게 평가하는 것이다. 물류센터를 방문해서 제품들이 가지런히 정리정돈이 잘 되어 있거나, 제품을 보관하고 있는 선반랙에 로케이션 번호가 잘 붙어 있으며, 롤테이너나 대차와 같은 물류도구들이 일정한 구역에 잘 정리정돈이 되어있을 때 대부분의 사람들은 이곳 물류센터의 수준을 높게 평가한다.

물류의 수준이 다른 곳에 있는 것이 아니고 누구나 쉽게 할 수 있는 정리정돈의 마인드에서 출발한다는 것을 결코 잊어서는 안 될 것이다.

2) 정리정돈은 결국 축적된 물류시스템의 모습이다

물류에서 정리정돈을 아무나 쉽게 할 수 있는 것만은 아니다. 제품이 하루에도 쉬지 않고 끊임없이 움직이는 물류센터에서 전체적으로 모든 공정의 업무들이 정리정돈이 잘 되어서 움직인다는 것은 결코 쉬운 일이 아닌 것이다.

물류센터에서 상시 정리정돈이 잘 되어 있다는 것은 단순히 제품을 가지런히 정리정돈하였다는 의미만이 아니다. 그 물류센터의 축적된 시스템적인 노하우가 자연스럽게 표출되어 정리정돈의 모양으로 나타났다고 할 수 있다. 단순히 남에게 보이려고 정리정돈만을 잘하려고 제품을 정리정돈한다면, 그것은 얼마 못 가서 흐트러지고 말 것이다.

시스템에 의해 정착된 정리정돈이 아니면 업무가 진행되면서 물류센터는 여러 가지 변수로 인해 다시 엉망이 되어버리게 된다.

시스템화가 잘 갖추어진 곳의 물류센터는 작업공정마다 제품들이 있어야 할 곳에 정확히 있으며, 작업 중에 발생하는 쓰레기들은 그 시점에서 바로 정리되는 것이다. 결국 물류센터 평가 척도의 제1의 기준은 바로 정리정돈에 있다고 할 수 있겠다.

CHAPTER 12

· · ·

물류관리 및 개선

01 물류관리의 개요

물류의 목적을 잘 달성하기 위해서는 물류관리를 제대로 해야 그 목적을 달성할 수 있다. 물류의 목적을 정확히 인식해야 하며, 그다음은 그 목적을 이루기 위해 물류에서 무엇을 어떻게 관리해야 할 것인지를 명확히 해야 한다.

물류관리란 물류전반의 경영업무로서 물류정보, 재고, 수배송, 물류비용, 인력 등에 대한 관리를 말하며, 추가로 다음과 같은 사항도 물류관리의 중요한 관리방안이 된다.

적정한 물류관리를 위하여 개선을 목적으로 한 물류관리지표, 즉 핵심성과지표 KPI: Key Performance Indicator 의 도입에 의하여 물류데이터 분석에 의한 관리를 진행한다.

5S운동 정리, 정돈, 청소, 청결, 습관화 에 의한 물류관리, 즉 5S운영을 통해서는 물류가 항상 '눈에 보이는 물류'가 되도록 추구하고, 항상 문제점 발견이 가

능하도록 운영되게 한다.

물류관리는 물류품질의 고도화, 작업의 효율화와 안전성이 실현될 수 있
도록 물류를 전반적으로 관리해야 한다.

◀ 물류관리의 개요 ▶

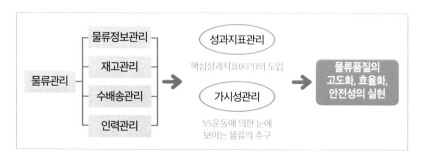

02 물류관리의 바람직한 방향

　가끔 물류센터라는 곳이 첨단 자동화시스템에 의하여 완벽하게 돌아갈 수 있는 곳으로 착각하는 사람들이 있다. 물류센터는 어떠한 최첨단 자동화시스템으로 하루아침에 이루어지는 곳이 아니다. 끊임없는 연구와 노력으로 개선해 나갈 때 보다 나은 물류센터로 발전해나가는 곳임을 인식하여야 할 것이다. 이러한 연구와 노력을 바탕으로 한 물류관리가 되기 위해서는 다음과 같은 마음가짐이 필요할 것이다.

1) 물류는 사람의 지혜와 아이디어로 개선되는 곳임을 인식

　물류는 돈을 들이지 않고 사람의 지혜와 아이디어로도 효율성을 낼 수 있는 것이 많다는 것을 알아야 한다. 큰 투자를 한꺼번에 해야 할 곳도 있지만, 적은 투자를 지속적으로 해나가야 할 곳도 많은 것이다.

　그러므로 "인간의 지혜가 무한하듯 물류센터의 개선도 무한하다"는 말을 할 수 있는 것이다.

2) 물류는 끊임없는 개선의 산물임을 인식

물류 투자에서 가장 중요하게 인식해야 할 점은 "물류는 끊임없이 변화하고 있다"는 것이며, 그에 따라서 물류의 관리와 개선도 끊임없이 이루어져야 한다는 것이다. 그러한 점에서 물류는 어느 한 곳에 고정되지 않고 변화에 잘 적응할 수 있는 충분한 유연성Flexibility을 갖춘 소프트웨어나 하드웨어 기반의 물류시스템을 갖추어야 할 것이다.

◀ 물류관리의 바람직한 방향 ▶

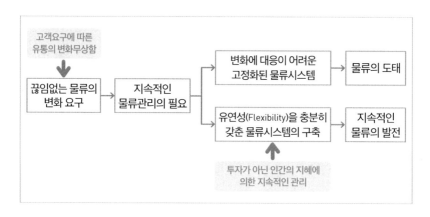

3) 사람의 지혜와 물류투자의 연관성에 대한 재인식

물류는 앞에서 언급했듯이 많은 돈을 들여서 개선할 수 있는 곳이 있는가 하면, 돈 들이지 않고도 사람의 지혜와 아이디어로 개선될 수 있는 게 많은 곳이다. 끊임없는 연구와 노력으로 물류의 운영체제, 혹은 물류 전략의 변화를 통해서도 얻을 수 있는 효과가 많다는 것이다.

다음의 그림에서와 같이 일반적인 경제적 논리로는 투자한 금액이 클수록 얻어지는 성과가 큰 것이 일반적일 것이다.

그렇지만 물류에서는 자금 투자를 많이 해놓고도 성과가 적게 나오는 경우가 흔히 있으며, 반대로 자금 투자는 적었는데도 사람의 노력에 의해 큰 성과를 올리는 경우도 많은 것이 물류인 것이다.

다음의 그림에서와 같이 투자비가 제로인 경우에도 1억 이상의 효과를 얻을 수 있고, 투자비가 1억이나 들고도 1천만 원 미만의 효과를 얻는 경우도 있다는 것이다.

그러므로 물류에서는 우선적으로 자금 투자를 하지 않고도 성과를 높일 수 있는 부분이 어떤 것인지를 깊이 연구하고 노력하여야 할 것이다.

이러한 역할이 바로 물류전문가들이 해야 할 가장 중요한 일이 되겠다. 투자를 하지 않거나 적게 하면서도 큰 성과를 올릴 수 있는 항목들에 대해서 다음 장에서 설명하도록 하겠다. 이러한 항목들은 기본적으로 정해져 있는 것이 아니라 자신들이 속한 물류환경과 여건에 맞게 응용하여 개발해나가는 것이 중요하다.

◀ 사람의 지혜와 물류 투자의 연관성 ▶

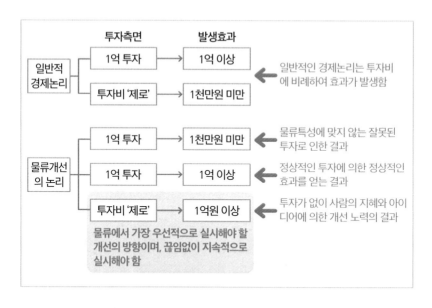

03 적은 투자로 큰 성과를 낼 수 있는 방법

기본적으로 투자 없이 얻어지는 성과는 아무것도 없을 것이다. 물류에서는 자금을 투자하기 전에 인간의 지혜에 의한 투자가 먼저 이루어져야 할 것이다. 그러한 점에서 물류는 다른 어떤 곳보다 교육이 중요하며, 물류전문가의 양성이 반드시 필요한 곳이다.

1) 운영체제의 개선

물류의 운영방식을 바꿈으로 인해서 얻게 되는 이익이 굉장히 클 수가 있다. 예를 들면 VMI[11]방식에 의한 재고관리 실시, 선행물류 방식의 도입,

<hr />

11) VMI(Vender Managed Inventory): 유통업체가 제조업체에 판매·재고정보를 제공하여 주므로 제조업체는 이를 토대로 과거 데이터를 분석하고 수요를 예측하여, 상품의 적정 납품량을 결정하는 물류전략으로 공급자 주도형 재고관리를 말한다.

RDC^{12)}&FDC^{13)}방식의 도입 등을 들 수가 있다.

2) 물류센터의 통합체계 구축

분산되어 있는 물류거점을 통합함으로써 관리인력, 배송비, 임대료 등에서 비용절감을 얻을 수 있다. 예를 들면 분산 배치되어 있는 냉동, 냉장, 상온센터를 통합물류센터로 구축함으로써 이와 같은 성과를 얻을 수 있다는 것이다.

3) 차량 적재방법의 변화

차량적재 효율을 높이기 위해서 롤테이너 방식에서 팔레트방식으로 바꾸면 적재효율을 높일 수 있다. 이러한 방식을 추구하기 위해서는 지게차의 도입이 있어야 할 것이다.

....

12) RDC(Regional Distribution Center): RDC는 지역물류센터를 말하며 점포가 아닌 FDC(배송센터)로 물량을 운송한다. RDC(지역물류센터)에서 처리하는 물량은 대체로 다품종 소량의 제품으로 점포별로 피킹작업을 실시하여 박스 단위화하여 배송센터로 보내게 된다.

13) FDC(Frontal Distribution Center): 최전방배송센터를 말하는 것으로 각 점포별로 배송하기 위한 작업을 실시한다. RDC(지역물류센터)에서 받은 제품과 FDC(배송센터)에서 당일 피킹한 제품을 합쳐서 최종 점포별로 배송을 하게 된다. RDC(지역물류센터)와 FDC(배송센터)는 각각 운영될 수 없으며, 두 가지 물류운영방법이 함께 이루어져야 하는 것이다.

4) 물류시스템의 방식 개선

냉장제품의 경우 오더피킹작업을 DPS[14]방식에서 DAS[15]방식으로 전환함으로써 인력 절감 및 작업시간 단축을 추구할 수 있게 된다.

5) 인력운영의 개선

아웃소싱을 통한 인력운영 체계의 개선, 인센티브제를 통한 작업효율성의 향상 등을 추구할 수 있을 것이다.

6) 5S운동의 전개

정리, 정돈, 청소, 청결, 습관화의 물류경영문화를 정착하여 재고관리 및 작업효율화를 추구할 수 있겠다.

7) 무검수방식의 도입

사전에 완벽한 피킹 및 박스별 내역서발행, 중량관리 등에 의해서 매장의 무검수화를 실현할 수 있겠다.

....

14) DPS(Digital Picking System): DPS는 오더피킹시스템의 한 방식으로 제품별 피킹방식에 의하여 고객의 주문제품을 피킹하는 작업으로 디지털화된 표시장치에 의하여 작업이 진행된다.

15) DAS(Digital Assorting System): DAS는 오더피킹시스템의 한 방식으로 점포별 분배방식에 의하여 고객의 주문제품을 취합하는 작업으로 디지털화된 표시장치에 의하여 작업이 진행된다.

04 물류관리의 개요 및 항목

물류관리의 주요항목은 다음과 같이 10가지가 있다. 주요 물류관리 항목으로는 품질관리, 비용관리, 차량관리, 작업관리, 인력관리, 재고관리, 물류정보관리, 물류기기관리, 시설관리, 안전관리 등이 있다.

이 외에도 관리항목으로는 거래처관리, 고객관리, 소모품관리, 교육관리 등이 있을 수 있다. 각 사의 여건과 환경에 따라서 중점관리 항목을 설정하여 물류센터의 목적을 달성할 수 있도록 철저히 관리해 나가야겠다.

1) 품질관리

제품의 품질관리를 위하여 제조일자 관리, 유통기한 관리 등을 철저히 하도록 한다.

2) 비용관리

물류비용이 최소화된 측면에서 운영이 되도록 모든 업무를 개선해 나가도록 관리한다.

3) 차량관리

차량에 대한 관리를 철저히 하기 위하여 배차관리 및 차량 적재율관리를 최적화해 나간다.

4) 작업관리

입하에서 출하에 이르는 업무프로세스 전반을 결함 없이 잘 진행되도록 프로세스를 관리한다.

5) 인력관리

작업인력을 효율적으로 관리하여 업무의 생산성이 극대화되도록 한다.

6) 재고관리

재고관리가 원활하게 되기 위하여 재고전반의 업무인 재고조사, 재고이동, 재고수정 등의 업무를 관리한다.

7) 물류정보관리

물류의 정보인 수발주정보, 입출하정보, 재고정보, 거래처정보 등에 대하여 관리한다.

8) 물류기기관리

각종 물류시스템과 물류장비에 대하여 안정적으로 사용할 수 있도록 유지보수 차원에서 관리를 한다.

9) 시설관리

물류센터의 각종 시설물에 대한 안전성을 점검하여 이상이 없도록 관리한다.

10) 안전관리

물류센터 전반의 안전이 잘 지켜지도록 각종 안전사고에 대한 점검을 철저히 하도록 한다.

05 물류관리 추진 방향

앞의 물류관리항목을 관리함에 있어서 추진방안으로 다음의 4가지 사항을 염두에 두고 추진해나갈 때 보다 효과적으로 물류관리를 진행할 수 있을 것이다.

1) 항목별 서비스 수준의 설정

각 관리항목에 대하여 기준이 되는 고객 물류서비스 수준을 설정한 뒤 어떻게 하면 적은 비용으로 높은 생산성을 유지할 수 있을지를 연구한다.

2) 각종 물류인프라의 활용

시스템물류관리를 실현하기 위하여 물류기기, 물류설비, 정보시스템 등을 각 업무에 적절히 활용하도록 한다. 업무의 특성에 맞는 장비와 기기, 시스템을 활용하여 물류프로세스를 개선함으로써 물류의 서비스향상과 비용절감에 즉각적으로 결과가 나타나게 된다.

3) 인력의 적절한 배치

인력의 적절한 배치를 통하여 물류비용을 관리한다. 물류센터는 인건비가 차지하는 비중이 전체 물류비용의 50% 이상을 차지하고 있다. 물류인력 관리의 핵심은 업무 프로세스별로 인력의 균등화 및 전문화가 되도록 인력의 배치를 조정해나가는 것이다.

4) 물류 품질의 향상

물류 품질의 고도화, 효율성, 안전성이 실현하도록 물류 전반을 관리해 나간다. 특히 입출하검수작업을 통하여 각종 품질관리를 철저히 해나가야 할 것이다.

06 물류개선의 단계별 접근

1) 문제점의 발견

물류개선을 진행함에 있어서 무엇을 어떻게 진행할지에 대하여 전혀 모르는 경우가 많을 것이다. 즉 개선의 방향이란 처음부터 정해져 있지 않다. 문제점을 발견하는 것에서부터 개선의 방향이 시작된다는 것이다. 다음과 같은 점에 유의해서 문제점을 발견해나가야 할 것이다.

❶ 문제 발생의 원인이 현장작업에 있는지, 관리측면에 있는지를 확인해야 한다.

❷ 입하에서 출하까지의 단계에서 어느 공정에 문제가 있는가를 확인한다.

❸ 관련부서가 어디인가를 확인한다.

❹ 물류의 문제가 아닌 영업 혹은 고객에서 일어나는 경우도 있음을 확인한다.

2) 물류개선의 단계

물류개선은 다음과 같은 6단계에 걸쳐서 진행되므로 순서에 입각해서 물류개선을 실행해야 할 것이다. 즉 문제점의 발견, 원인의 규명, 물류분석, 개선안 작성, 실행, 정착이라는 단계를 통해서 개선이 완성되어 가게 된다.

❶ 문제점의 발견

개선항목의 도출, 내용의 검토, 우선순위와 예상효과

❷ 원인의 규명

작업내용의 정리, 문제발생지의 확인, 데이터수집

❸ 물류분석

데이터에 의한 분석, 샘플조사, 공정분석, 동작분석, 시간연구

❹ 개선안 작성

작업의 수정, 작업 해결책의 마련, 작업표준시간의 설정

❺ 실행

개선안에 따른 실천

❻ 정착

물류관리지표의 도입, 매뉴얼의 작성, 눈에 보이는 물류의 추구

07 물류관리 지표의 정의

물류관리 지표는 물류센터의 관리 상황을 나타내는 지표이다. 관리수준을 정량적으로 파악하여 효과적인 물류센터의 관리를 추구함에 있다. 물류관리 지표는 비용개선 측면과 서비스개선 측면으로 구분된다.

비용개선은 자사의 비용절감 효과로 물류서비스 개선은 매출확대로 이어져 결국 자사의 수익구조를 개선하는 효과를 가져오게 한다.

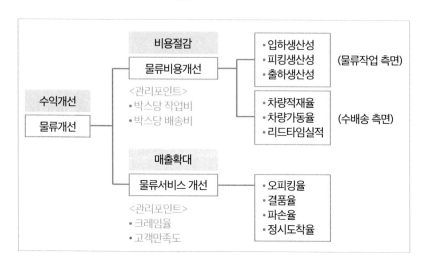

◀ 물류관리 지표의 절이 ▶

CHAPTER 12 **물류관리 및 개선**

08 물류비용 및 물류서비스 개선지표

1) 물류비용 개선지표

물류비용의 개선지표에 있어서 입하, 피킹, 출하에 대한 지표산출은 아래와 같은 방식으로 된다.

$$\text{❶ 단위시간당 입하수} = \frac{\text{총입하수 (박스 혹은 낱개)}}{\text{총시간수 X 인원수}}$$

$$\text{❷ 단위시간당 피킹수} = \frac{\text{총피킹수 (박스 혹은 낱개)}}{\text{총시간수 X 인원수}}$$

$$\text{❸ 단위시간당 출하수} = \frac{\text{총출하수 (박스 혹은 낱개)}}{\text{총시간수 X 인원수}}$$

2) 물류서비스 개선지표

물류서비스의 개선지표에 있어서 오피킹, 결품, 파손, 정시도착에 대한 지표산출은 아래와 같은 방식으로 된다.

$$❶\ 오피킹율 = \frac{오피킹수}{총피킹수}$$

$$❷\ 결품율 = \frac{결품수}{총주문건수}$$

$$❸\ 파손율 = \frac{파손건수}{총출하건수}$$

$$❹\ 정시도착율 = \frac{정시도착처수}{출하처수}$$

09 물류 KPI[16]

1) 물류KPI의 정의

물류KPI는 자사의 물류수준을 전반적으로 파악하는 데 그 목적을 두고 있다. 경영측면에서 업무내용에 문제점 혹은 개선점이 있는지를 항상 파악 가능하도록 정량화하는 지표이다. 이러한 지표를 항시 파악함으로써 목표 달성에 대한 확인이 가능한 것이다.

2) 물류KPI의 항목별 지표

물류KPI는 물류업무의 프로세스를 감시하여 개선하기 위한 지표가 된다. 개선을 위한 지표로서 비용, 생산성, 서비스, 납기, 재고 등으로 나누어진다.

물류센터의 수익향상, 생산성 향상, 고객만족도 향상이라고 해도 구체적으로 무엇을 가리키는지 알 수 없게 된다. 그러한 점에서 물류KPI를 작성하여 정량적으로 물류센터의 상황을 파악하여, 구체적인 개선을 실천해가는

....

16) KPI는 Key performance Indicator의 약자로 핵심성과지표를 의미한다.

것이 중요하다.

◀ 물류KPI의 설명 ▶

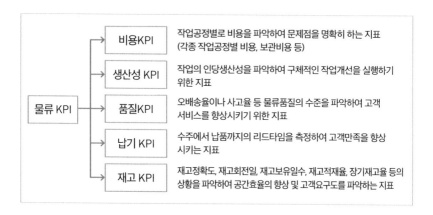

3) 재고관련 KPI

재고관리 업무를 수행하면서 검토하여야 할 체크리스트와 KPI 관련 항목을 정리하였다. 물류센터 담당자는 지속적으로 업무에 문제점이 없는지를 체크하고 생산성 및 정확도 향상을 위해 지속적으로 보완, 관리하여야 하겠다.

CHAPTER 12 **물류관리 및 개선**

구분	계산수식
❶ 재고정확도(%)	= 재고오류수량 / 입고예정총수량 X 100
❷ 재고회전(일)	= 당월출고금액 / 월평균재고금액
❸ 재고보유일수	= 당월일수(30) / 당월 재고회전율
❹ 재고적재율(%)	= 재고 보관된 로케이션수 / 총 로케이션수 X 100 = 보관재고량 / 최대적재량 X 100
❺ 장기재고율(%)	= 장기재고금액(6개월 이상) / 월평균재고금액 X 100
❻ 불용재고율(%)	= 불용재고금액(C급 재고금액) / 월평균재고금액 X 100

CHAPTER 13

운송관리

01 운송의 개념

운송은 장소적 효율창출 기능을 갖고 있다.

운송은 물류에서 장소적 효율을 창출하는 기능을 갖고 있다. 생산된 장소와 소비되는 장소가 다름으로 인해서 이러한 문제를 해결하기 위해서 운송의 개념이 등장하게 된 것이다.

이러한 장소적 장애요인을 제거하고 생산자와 소비자를 원활히 결합함으로써 재화의 가치를 높이기 위한 공간적 이동 행위를 운송이라고 한다. 운송은 경제규모의 확대와 국제무역의 활성화로 운송의 대형화, 신속화, 안전화를 지속적으로 추구해오게 되었으며, 이러한 운송의 발달은 인간의 생활을 풍족하게 하는 데 크게 기여해 왔다.

운송의 기능은 수송과 배송으로 구분된다.

초기에는 공장에서 생산된 물건을 소비자가 구매하는 점포로 직접 배송하였다. 그러나 공장에서 생산되는 제품들의 종류가 다양해지게 되면서 공장에서 직접 점포로 배송하는 것이 어려워지게 되었다. 이러한 문제를 해결하기 위하여 등장하는 것이 물류센터이다.

일반적으로 운송의 기능은 수송의 기능과 배송의 기능으로 구분하여 관리된다.

❶ 수송기능은 공장물류센터에서 물류센터로 움직이는 운송을 말하며, 이는 주로 장거리 대량운송의 형태를 띠게 된다.

❷ 배송기능은 물류센터에서 점포로 움직이는 운송을 말하며, 이는 주로 단거리 소량운송의 형태를 띠게 된다.

◀ 운송의 기능인 수송과 배송에 대한 설명 ▶

02 공동배송의 실시

대량 배송을 보다 더 적극적으로 하기 위하여 기업 간 공동배송을 실시한다.

물류센터에는 여러 형태의 물류센터가 있는데, 자가물류센터, 도매물류센터, 소매물류센터, 유통물류센터 등이 존재한다.

중간 거점인 물류센터를 두게 되면 결국 운송은 차량의 동선을 최소화하여 운송업무의 생산성을 향상시켜 나가게 되는 것이다.

수많은 공장의 차량들이 점포로 배송을 하게 되면 점포의 주차장은 바로 마비되고 만다. 그래서 중간거점인 물류센터에서는 가능한 한 대량 배송을 하도록 노력하게 된다.

대량 배송을 보다 더 적극적으로 하기 위하여 기업 간 공동배송을 하게 된다. 유사업종 간에 점포가 겹치거나 인근에 점포가 있을 경우 공동배송을 하므로 운송비의 상당부분을 절감하게 된다.

03 수배송관리시스템을 통한 운송 효율화

수배송관리시스템은 적재율 관리시스템과 차량동선관리시스템이 핵심 관리시스템이다.

최근 운송을 효율적으로 하기 위하여 TMS Transfer Management System 와 같은 차량 수배송관리시스템을 활용하는 업체들이 늘어나고 있다. 수배송시스템의 차량관리는 크게 2가지로 나뉜다.

1) 적재율의 최적화

주로 수송차량에 적용되며 제품의 적재율관리시스템을 통하여 차량대수를 산출하게 된다.

2) 차량동선의 최적화

주로 배송차량에 적용되며 차량동선관리시스템인 라우팅프로그램을 통하여 최적의 배송루트를 산출하게 된다.

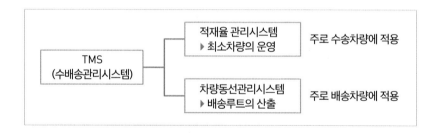

04 운송의 기능

운송의 핵심 기본 기능은 제품의 장소적 이동 기능이다.

1) 제품 이동기능

제품의 부가가치를 증대시키기 위하여 제품을 장소적으로 이동하는 기능이다. 기본적으로 운송이 발생한다는 것은 이동기능을 수행하기 위함이다.

2) 제품 보관기능

운송이 장거리화되면서 새롭게 인식한 운송의 기능이 제품보관기능이다. 운송 중인 상품에 대해서도 재고를 소유권자의 재고로 인식하게 되는 개념이다.

3) 제품의 시간조절기능

소비자가 원하는 시간에 상품을 전달하도록 하기 위하여 그 요구 수단을 충족시킬 수 있는 운송수단을 선택하게 된다. 따라서 운송은 주로 창고가 담당하던 시간조절기능까지도 담당하게 된 것이다.

◀ 운송의 주기능과 보조기능 ▶

05 운송시스템의 3요소

운송시스템의 3요소는 운송수단Mode , 운송시설Node , 운송통로Link 이다.

운송시스템은 화물이 출발하여 도착하기까지 상차와 하차, 운행과 중계, 환적과 혼적 등의 다양한 작업들이 발행하게 된다. 이러한 작업들이 효율적으로 이루어지기 위하여 일련의 과정이 체계화되어 관리되어야 하는데, 이러한 체계화를 운송시스템이라 한다.

운송시스템이 효율적으로 움직이기 위해서는 기본적으로 3가지 요소가 필요하다. 즉 운송수단인 Mode, 운송 집합시설인 Node, 운송통로인 Link로 구성된다.

그러므로 효율적인 운송시스템을 운영하기 위해서는 이들 3가지 요소를 잘 관리하고 조합함으로써 가능한 것이다.

1) Mode 운송수단

운송을 담당하는 수단으로 자동차, 선박, 항공기, 철도차량, 파이프라인 등이 이에 속한다.

2) Node 운송시설

운송을 위한 물자를 효율적으로 처리하기 위한 장소 또는 시설로서 물류센터, 제조공장, 화물터미널, 역, 항만, 공항 등이 이에 속한다.

3) Link 운송통로

운송수단이 운행에 이용하는 통로를 말한다. 공로, 철도, 해상항로, 내수면로, 항공로 등이 있다.

◀ 운송시스템의 3요소 ▶

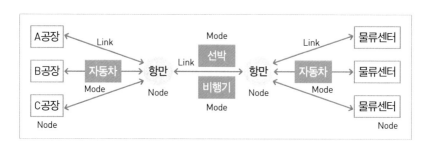

06 운송의 기본원칙

운송이 물류비 전체의 50% 이상을 차지하므로 최적의 운송시스템 구축이 중요하다.

운송수단을 선정하거나 운송시스템을 구축하고 운영하는 데 있어서 가장 기본적이고 지켜야 할 원칙이 경제성의 원칙이다. 전체 물류비 구성에 있어서 운송비가 차지하는 비율이 가장 높으며, 전체 물류비에서 50% 이상을 차지하고 있으므로 운송수단의 선정 및 운송시스템의 구축에 있어서 경제성을 고려하는 것이 가장 우선되어야 할 것이다.

운송의 기본원칙을 설명하기에 앞서 운송단위인 톤키로에 대한 개념을 인식하여야 할 것이다.

❖ 톤키로 ton-㎞

톤키로는 운송의 단위로서 화물의 수송량을 산출할 때 사용한다. 화물수송량은 수송한 화물의 중량ton 과 수송거리 ㎞ 와의 곱을 말한다.

이는 일정 구간과 기간에 있어서 화물수송량은 각 화물의 중량과 수송거리의 곱의 합계, 즉 톤키로로 표시된다.

화물수송량 = 화물의 총중량ton ×화물의 수송거리㎞

예) 1톤의 화물을 10㎞ 수송했을 경우 화물의 수송량은 10t.㎞ 톤키로가 된다.

1) 규모의 경제원칙

운송은 운송되는 화물의 단위가 클수록 운송단위t.㎞ 당 운송비가 적게 소요된다. 그러므로 가능한 한 대형화된 운송수단을 이용하여 대량으로 운송해야 한다는 원칙이다.

2) 거리의 경제원칙

운송단위당 운송비는 운송거리가 길수록 낮아진다.

즉 운송단위t.㎞ 당 운송비와 운송거리는 반비례하는 관계에 있다는 것이다. 이는 화물 운송에 있어서 일정한 거리를 운행하는 데 소요되는 변동비만 발생하는 것이 아니라 거리에 관계없이 고정비가 발생한다는 것이다.

3) 고정비 항목으로는 발착지와 도착지의 상하역비가 발생하게 된다.

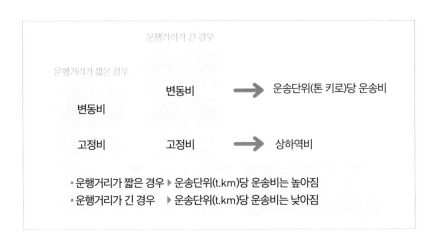

톤키로에 따른 고정비와 변동비에 따른 운송비 형태의 결정 외에도 다음과 같은 운송형태에 따른 운송비 절감이 있을 수 있다.

❶ 운송거리가 길어지므로 야간운행이 발생하게 되면 감가상각비 및 보험료와 같은 고정비가 발생하지 않는다. 특히 철도, 선박, 항공기와 같이 24시간 운행되는 운송장비도 해당되지 않는다.

❷ 동일한 거리운송에 있어서도 도중 환적이나 일시 보관 후 운송하도록 해야 한다. 이같이 운송이 단절되지 않도록 해야 운송비가 절감된다.

따라서 운송관리자는 가능하면 한번에 장거리 운송이 가능할 수 있도록 운송시스템을 설계하여야 하며, 운송 도중에 단절이 되지 않도록 운송관리를 하여야 할 것이다. 운송비 절감을 위한 경제원칙을 정리하면 아래와 같다.

◀ 운송비 절감을 위한 원칙 ▶

07 운송모델의 변화추세

운송은 소량 다빈도한 운송형태로 변화해나가고 있다.

운송의 형태는 소비나 생산형태의 변화에 맞춰 변해간다. 생산과 소비가 대량생산, 대량소비에서 소량 다품종 생산으로 더 나아가 개별맞춤형 생산으로 변화함에 따라 운송의 형태 및 모델도 급속하게 변하고 있다. 이러한 시대적인 변화에 따라서 바뀌고 있는 운송의 추세를 정리해보면 다음과 같다.

1) 소량 다빈도한 수배송

재고수준을 감축시키고 수요자 및 구매자가 원하는 시점에 공급할 수 있도록 적은 수량을 빈번하게 배송을 해주는 운송모델이 일반화되고 있다.

2) JIT 수배송

재고수준을 줄이고 결품을 방지하면서 정해진 시간 내에 제품을 운송하는 형태를 말한다.

3) 복합운송의 일반화

상품의 글로벌아웃소싱이 일반화되고 국내에서 생산하는 많은 제품들이 수출됨에 따라서 복합운송이 많은 기업들에서 이용하는 운송모델이 되고 있다. 복합운송은 일관운송이라고도 하며 수송수단 간 연계이동을 기본으로 하고 있다.

4) 공동수배송

과거에는 자사 고객에 대한 서비스 우선, 영업비밀의 누출방지 등으로 인해 독자적인 자체배송 위주로 수배송을 해왔으나 소량 다빈도 배송수요가 증가하면서 이제는 자체적인 독자배송은 너무나 많은 수배송비가 발생하므로 공동배송을 적극적으로 이용하는 추세가 되었다.

5) 배송의 택배화

과거 거래처에 대한 제품의 공급이 Push 전략중심이었기에 많은 제품을 동시에 대량으로 공급하게 되었다. 그러나 이제는 제품의 공급전략이 Pull 전략으로 변화되면서 판매되는 대로 잘 판매되는 상품위주로 공급하게 되었다. 그러므로 대량배송보다는 택배시스템을 이용한 필요한 만큼의 양을 배송하는 추세가 되었다.

6) 항공운송의 급증

항공운송은 운임이 고가인 점 때문에 리드타임이 짧고 고가이면서 부피와 중량이 비교적 적은 화물위주로 이용하였다. 대부분의 수출입화물은 해상운송을 통하여 운송이 이루어졌으며, 긴급 수출입화물, 귀금속, 신선식품 및 화훼류, 샘플상품 등에 항공운송이 주로 이용되었다.

최근 수출입운송에 있어서 시간의 가치 증대, 무재고 추구, 글로벌적 신속성 추구 등으로 인하여 항공운송이 점차 일반화되고 있는 추세다.

◀ 운송모델의 변화추세 형태 ▶

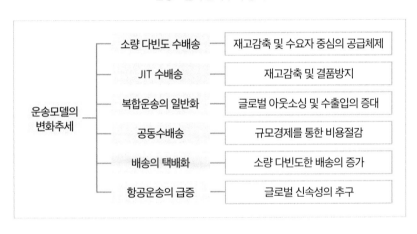

08 운송관련 용어

화물운송은 운송, 운수, 수송, 배송, 배달, 운반 등 용어구분을 명확히 하여야 한다.

화물운송과 관련된 용어를 사용함에 있어 많은 혼란을 겪고 있는 것이 사실이다. 특히 운송, 수송, 운수, 운반 등과 같은 용어는 매우 혼란스럽게 사용되었다. 아래의 내용에서 운송현장에서 사용되고 있는 용어를 현실성 있게 정리해보았다.

1) 운송

운송이란 장소적 효율을 창출하기 위해 자동차, 철도, 선박, 항공기 등의 운송 수단으로 사람이 제품을 한 장소에서 다른 장소로 이동시키는 물리적 행위를 말한다. 운송이란 용어는 재화의 장소적 이동을 나타내는 최상위 용어이다.

2) 운수

운수란 행정용어라고 할 수 있으며 운송보다 넓은 뜻으로 사용되고 있다. 즉 운수란 운송뿐만 아니라 운송을 조성해주는 주선기능, 운송관리기능 등을 포함하는 용어가 된다.

3) 수송

수송은 사전적 의미로는 운송과 동일한 뜻을 갖는다. 그러나 물류에서의 수송은 장거리 운송의 개념으로 거점에서 거점으로의 이동을 의미한다. 거점 간 이동은 공장물류센터에서 물류센터, 중앙물류센터에서 지역물류센터, 물류센터에서 배송센터 등으로의 이동을 말한다.

4) 배송 및 배달

거점에서 거래처 또는 소비자에게 재화를 방문하여 전달하는 형태를 말한다.

일반적으로 B2B형태의 운송은 배송이라고 칭하며, 택배와 같이 직접 가정을 방문하여 전달하는 B2C형태는 배달이라고 한다.

5) 운반

운반이란 일정한 구역 내에서 화물을 이동시키는 행위를 말한다. 즉 물류센터, 창고, 공장, 터미널, 공항, 부두, 매장 등의 구내이동을 의미한다. 운반은 주로 컨베이어, 지게차, 대차 등을 이용하여 수행하게 된다.

◀ 화물운송의 기능별 용어 구분 ▶

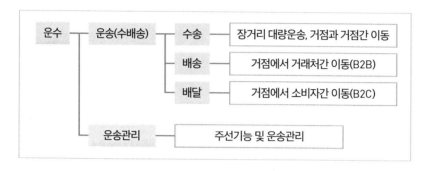

09 운송수단의 분류

운송을 위한 수단으로 기본적으로 육상운송, 해상운송, 항공운송으로 구분된다.

이러한 운송수단들은 단독으로 운송을 완성할 수도 있으며, 2가지 이상의 운송수단을 결합하여 완성할 수도 있다.

1) 육상운송

육상운송은 지표면에 설치된 통로를 이용하여 운송을 하는 운송수단으로 다음과 같이 구분할 수 있다.

❶ 공로운송

공공도로를 이용하여 운송하는 방법으로 자동차가 운송수단이 된다.

❷ 철도운송

지표면에 설치된 철도를 이용하여 운송하는 방법으로 궤도를 따라 운행

히는 철로와 기관차와 화차가 운송수단이 된다.

❸ 삭도운송

삭도란 케이블카를 말한다. 지상에 설치된 철탑과 철탑 사이에 가설된 케이블을 이용하여 이동하는 운송수단이다. 주로 관광용으로 이용하거나 산악지역의 화물운송으로 이용될 수 있다.

❹ 파이프라인

파이프라인은 주로 액체 또는 분체물이나 기체를 지하 혹은 지상에 설치된 파이프를 통하여 이동시키는 방법이다.

2) 해상운송

해수면 또는 내수면을 통로로 이용하여 운송하는 방법이다. 운송수단은 선박이 이용된다. 화물이 육지와 수면 2개의 통로를 이용해야 하므로 이를 연결하는 수단으로 항만이 필요하게 된다.

해상운송은 육상운송에 비하여 기동성이 낮기 때문에 해상운송이 경쟁력을 갖기 위해서는 대량운송에 의한 저렴한 운송서비스를 제공할 필요가 있다.

해상운송은 법적으로 연안운송과 외항운송으로 관리된다. 연안운송이란 자국내에서 항구 간 운항하는 것을 말하며, 외항운송은 자국 항구와 외국의 항구 간을 운항하며 수출입물자를 운송하는 것을 말한다.

3) 항공운송

하늘의 통로를 이용하여 운송하는 방법을 말하며, 운송수단으로는 항공기가 이용된다. 해상운송과 같이 항로를 개설하는 데 비용이 소요되지 않지만 육지와 항공을 연결하기 위한 공항과 화물터미널을 건설하는 데 많은 자금이 소요되며, 항공기 제작에도 많은 자금이 소요되므로 운행비용이 많이 소요된다.

항공운송은 화물을 적재하고 운항하는 데 한계가 있어 대량화물을 운송하는 데는 적절하지 않다. 대신에 운송의 신속성이 매우 높으므로 부피가 작고 고가의 긴급성 화물들에 널리 이용되고 있다.

최근에는 물류가 글로벌화되면서 화물의 항공이용률이 급증하고 있는 추세다.

10 배차·배송 관리

배차관리 배송관리는 물류센터 내에서 이루어지는 운송시스템 관련 핵심 업무이다.

차량운행관리자 혹은 배차담당자는 물류센터 내에서 매일 몇 대의 차량이 필요한지, 그리고 차량의 운행현황을 관리하는 역할을 하게 된다.

1) 배차관리

물류센터에서 제품이 출하됨에 있어서 필요한 차량의 대수를 산출하여 필요수량의 차량을 수배하는 업무를 진행한다.

물류센터에서는 성수기 비수기에 따른 물동량의 편차가 대단히 크다. 그러므로 물류센터에서는 필요한 차량 대수를 결정함에 있어서 최소수량의 차량을 사전 계약에 따라 사전수배를 확정하게 된다.

필요로 하는 최소수량을 넘어서는 물동량에 있어서는 배차담당자가 필요수량을 산출하여 당일 추가확보를 하게 된다. 배차관리를 정확히 수행하기 위하여 배차담당자는 수주데이터, 출하수량정보, 롤테이너수량정보 등의 물동량을 사전 예측하여 불필요한 차량이 발생하지 않도록 한다.

그리고 차량의 운행동선이 최소화될 수 있도록 최적의 배송코스를 작성하는 일을 진행한다.

따라서 배차관리의 핵심적인 업무는 적재효율을 감안하여 차량의 대수산정 및 배송코스를 결정하는 업무이다.

2) 배송관리

물류센터를 출발한 차량이 배송도중에 발생하는 운행상황을 관리하는 업무로서 각 점포 도착예정 시간 및 운행상황을 파악하게 된다.

GPS시스템을 통하여 차량의 운행동태 정보를 수신받아서 TMS시스템에서 통합적으로 관리한다. 점포별 도착예정 시간, 점포별 도착완료 시간, 차량의 온도정보 등을 관리하게 된다.

또한 점포에 도착예정 시간 알림서비스를 진행할 수 있게 된다. 배송관리의 핵심적인 업무는 출하 점포에 도착하는 예정시간을 관리하여 알려주는 업무가 되겠다.

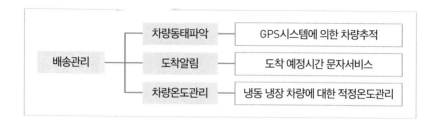

3) 배차·배송관리 업무의 흐름

물류센터에서 물동량을 파악하는 업무에서부터 배차관리는 시작된다. 물류센터에서는 배송업무를 실시함에 있어서 가장 먼저 당일 출하될 주문데이터를 수신받게 되며, 해당 데이터를 기본으로 하여 차량대수를 산정하여 배차할당을 실시한다.

배송코스는 물동량의 증감에 따라서 차량 증편 및 감편을 결정하게 된다. 차량이 부족할 경우에는 운송회사를 통하여 차량을 확보하게 된다. 점포별로 납품하기 위하여 출발한 차량은 GPS시스템을 이용하여 운행상황을 파악하여 각 점포에 도착예정 시간에 대한 정보를 알려주는 업무를 하게 된다.

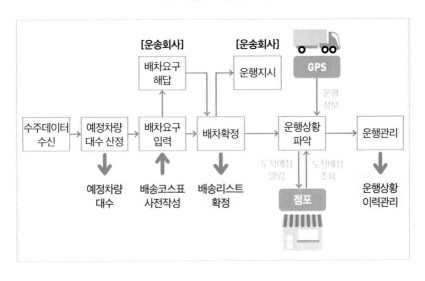

물류, 기본이 중요하다

1판 1쇄 발행 2020년 5월 30일

지은이 최영호
펴낸이 최성민
펴낸곳 웰북스
등록 제 2020-000012호
주소 경기도 광명시 하안로 198
전화 031-322-3037
팩스 031-322-3039
이메일 iscm@naver.com

정가 18,000원
ISBN 979-11-970469-0-2 13320(종이책)
        979-11-970469-1-9 15320(전자책)

* 이 도서의 국립중앙도서관 출판예정도서목록(CIP)은 서지정보유통지원시스템(http://www.
seoji.nl.go.kr)과 국가자료종합목록구축시스템(http://kolis-net.nl.go.kr)에서 이용하실 수 있습
니다.(CIP제어번호: CIP2020018455)